그래도 이 세상이 낫다

현대수필가100인선 II · 47

그래도 이 세상이 낫다

조병렬 수필선

수필과비평사 · 좋은수필사

■ 책머리에

 수필은 누구나 부담 없이 읽고, 마음만 먹으면 직접 쓸 수도 있는 가장 친근한 문학이다. 다른 영역의 문학이 영상매체에 밀려 신음하고 있는 중에도 수필 인구만은 날로 증가하여 바야흐로 수필 전성시대를 구가하고 있는 이유도 거기에 있을 것이다.
 시대적 추세에 힘입어 수많은 수필전문지, 수필동인지가 창간되고, 이에 비례하여 신진 수필가도 날로 늘어나다 보니 이제는 그 많은 작가, 그 많은 작품 중에서 문학성 높은 작품을 가려 읽는 일이 쉽지 않게 되었다. 이런 현상은 작가에게나 독자에게나 결코 바람직한 일이 아니다. 더 나아가서는 수필을 연구하는 후세들에게도 큰 부담이 될 것이다.
 이런 문제를 해결하는 데는 출판인도 마땅히 한몫을 감당해야 한다는 평소의 소신에 따라, 본사가 기꺼이 그 역할을 맡기로 했다. 그 첫 번째 사업으로 시대를 대표할 만한 수필가 100인을 선정하고, 작가가 자선한 40편 내외의 작품을 수록한 문고본을 발간하여 이를 널리 보급함으로써 그 소임을 다하고자 한다.
 본사는 사명감을 가지고 이 사업을 추진해 나가기로 했다. 작가 선정을 전담할 편집위원회를 구성하고 전권을 위임하여 일체의 사적인 정실이나 청탁을 배제함으로써 전문성과 공정성을 확보해 나갈 것이다.
 따라서 이 기획물 속에는 작가의 문학정신뿐만 아니라, 본사의 문학사적 기여 의지와 편집위원 제위의 수필문학에 대한 애정과 문인으로서의 양심이 함께 담겨 있음을 자부한다. 다만, 작가를 선정하는 기준에는 많은 견해의 차이가 있을 수 있고, 선정 과정에서도 미처 챙기지 못한 부분이 있을 것이라는 사실만은 인정하지 않을 수 없다. 이 점에 대해서는 관계자 여러분의 양해 있으시기 바란다.

이 시리즈의 발간 순서는 작가, 또는 본사의 사정에 의한 것일 뿐 그 밖의 어떤 기준도 적용하지 않았음을 밝힌다.

본 기획물이 시대를 초월한 많은 수필 애호가들의 관심과 애정 속에 우리나라 수필문학 발전에 한 이정표가 되기를 바랄 뿐이다.

본사에서는 이상과 같은 취지로 ≪현대수필가 100인선≫ 전 100권을 완간하여 큰 반향을 불러일으킨 바 있다.

그러나 우리 수필문단의 규모나 수필문학의 수준에 비추어 선정 작가를 100인으로 한정하는 것은 형평성이나 효율성 면에서 크게 부족하다는 의견이 많았고, 본사 또한 이를 통감하던 터라 기꺼이 ≪현대수필가 100인선Ⅱ≫를 발간하기로 했다.

본사의 충정에 찬동하여 출판에 응해주신 저자 여러분에게 진심으로 감사한다.

2014년 9월 일

수필과비평사 · 좋은수필사 발행인 서 정 환
현대수필가 100인선 간행 편집위원 박 재 식 최 병 호
정 진 권 강 호 형
오 세 윤

| 차례 | 현대수필가100인선 II · 47

1_부 나신의 천국

재능 기부의 향기 • 12
죽음에 빚진 삶 • 17
영혼 한 조각 • 21
그냥 나왔어 • 24
어머니의 불빛 • 30
나신의 천국 • 34
알 수 없어요 • 39
나도 그렇게 못 산다 • 42

2_부 꼴찌의 도道

꼴찌의 도道 • 48
연필을 깎으면서 • 52
왕대밭에 왕대 나고 • 55
꽃은 피고 지고 • 60
존재와 행복 • 63
반환점 • 67
담장 허물기 • 71
나의 꽃 나의 향기 • 76

3_부 빵 한 조각

빵 한 조각 • 82
그 여자의 사랑 • 88
황금반지 • 93
죽음 체험 • 97
술 취한 사회 • 102
위험한 남자 • 110
그래도 이 세상이 낫다 • 114
목소리 • 120

4_부   다시 초인을 기다리며

다시 초인을 기다리며 • 126
구룡연 가는 길 • 135
세월의 소리 • 142
가지치기 • 145
명함 • 149
또 다른 방 • 153
유산 • 157
연습 제1막 • 161

5부 영혼의 숨소리

영혼의 숨소리 • 166
그래도 당신이 더 낫잖소 • 171
작은 행복 • 176
맑은 물에 눈을 씻고 • 179
시월의 그날 • 183
그때의 어머니 • 188
인생 훈장 • 192
흰 가운을 입은 아이 • 195

■ 작가연보 • 199

나신의 천국

재능 기부의 향기
죽음에 빚진 삶
영혼 한 조각
그냥 나왔어
어머니의 불빛
나신의 천국
알 수 없어요
나도 그렇게 못 산다

재능 기부의 향기

 퇴직과 백수는 동격이 아니다. 40여 년의 교직을 마감한 지도 몇 년이 지났지만, 아직도 나의 손은 교편을 잡고 있다. 수많은 젊은이는 내 곁을 떠났으나, 그 자리에는 어른들이 찾아왔다.
 나는 백수 같지 않은 백수이다. 퇴직 후, 학부모 교육과 수필 쓰기 지도를 하면서 보람과 행복을 누리고 있다. 해마다 280여 시간을 강의하였는데, 나의 강의를 들으며 자녀의 진로를 모색하거나, 글을 쓰며 행복을 찾는 어른들이 수천 명에 이른다.
 나의 지난 교직 생활도 바쁜 나날이었다. 30대 나이에 9년 동안이나 고3 담임을 맡았다. 새벽부터 밤늦게까지 매일 '별 보기 운동'을 하지 않을 수 없었다. 그때가 갓 결혼한 신혼 시절이었고, 그 10년 동안 아이 셋이 태어나고 자랐다. 새벽 잠든 사이에 아빠인 나는 출근해야 했고, 저녁에 잠든 뒤에야 집으로 들어가는 생활의 연속이었다.

젊은 나이에 3학년 15개 학반의 학년부장을 맡아서 제자들의 진학을 위하여 밤낮없이 애를 썼다. 그 이후에도 16년 동안이나 부장교사로서 최선을 다하면서 만족했다. 반면에 아빠로서의 성적표는 부끄럽기 짝이 없었다. 우리 아이들에겐 정말 미안했다. 그러면서도 직장에서의 제 역할에 소홀할 수는 없었다. 지금 갑자기 신문에서 보았던 〈아빠는 왜?〉라는 어느 초등학교 2학년 학생의 시가 떠오른다.

"엄마가 있어서 좋다/ 나를 이뻐해 주니까/ 냉장고가 있어서 좋다/ 나에게 먹을 것을 주어서/ 강아지가 있어서 좋다/ 나하고 놀아주니까/ 그런데, 아빠는 왜 있는지 모르겠다."

생각할수록 더 미안하다. 아이들은 어릴 적 부모의 사랑과 관심으로 올바르고 성실한 인격체로 성장하게 될 터이다. 나의 부족한 역할을 아이들의 엄마와 할머니의 헌신적 사랑과 지도 덕분에 크게 어긋나지 않고 자랐으니 그나마 다행이고 고마울 따름이다. 이젠 아이들이 모두 출가하여 가정을 이루고 사는 모습에서 어느 정도 위안으로 삼는다. 어릴 적에 못다 한 아비의 사랑을 지금이라도 줄 수 있다면 아낌없이 주고 싶은 심정이다.

매년 반복되는 바쁜 입시 지도에 나는 취미 생활은 엄두도 내지 못하다가 지천명의 나이가 지나서야 뒤늦게나마 용기를 낼 수 있었다. 학창시절의 꿈이었고 대학 전공이었던 문학에의 길을 나섰다. 살아가면서 보고 듣고 느끼고 체험한 것을 진솔하게 표현하고 싶은 마음으로 수필 문학을 택하였다.

처음부터 큰 기대를 하고 시작한 글쓰기는 아니었다. 대단한 작가가 되어 명성을 크게 얻을 욕심도 없었으며, 하나의 취미 생활로 시작하였다. 평생 학생들과 문학을 공부하면서 문학 이론을 몸에 익히고 작품을 읽고 분석하고 감상하면서 보냈다. 그 경험을 바탕으로 수필이론에 대하여 더 구체적이고 깊이 있게 터득하고자 부단히 노력하였다. 그것을 바탕으로 틈틈이 작품을 창작하였다. 참으로 다행인 것은 내가 기대했던 것보다 더 나은 작품이 하나씩 탄생한 것이다. 글감의 영감이 떠올라 밤새워 초고를 완성했을 때의 그 희열은 이루 말로 표현할 수 없는 즐거움이고 행복이었다.

그러다가 신인상 공모에 당선되면서 '수필가'라는 새로운 이름을 갖게 되었다. 전국의 수백 명 문인 앞에서 꽃다발을 받을 때의 기쁨이 지금도 생생하다. 아울러 나의 등단 작품이 두툼한 잡지에 실리게 된 것도 영광스러웠지만, 심사위원장의 심사평이 책에 함께 실렸는데, 그 첫 문장이 나를 더욱 들뜨게 하였다. "대단한 신인의 탄생이다."

 그 후, 전국의 잡지사에서 원고 청탁이 이어졌고, 지역 신문에서도 청탁이 왔다. 경제적인 도움과는 상관없는 원고 청탁이었지만, 그때마다 행복의 곳간은 점점 쌓여만 갔다. 교직의 본분을 제외하고는 글쓰기가 행복한 취미 생활이 되었다. 하루의 시간이 늘 모자랄 정도였다.

 등단한 지 얼마 되지 않아서 '제1회 대구시민문예대전'에서 산문부 최우수상의 영광도 누렸다. 작품이 쌓여서 잡지와 신문에 발표했던 작품들만 모아 첫 수필집 ≪왕대밭에 왕대 나고≫를 펴냈다. 천여 권을 학교 동료들과 일가친지와 친우들, 그리고 문우들께 선물하였다. 그 기쁨 또한 내 마음속에 행복의 꽃밭을 풍성하게 일구었다. 이 작품집으로 '신곡문학상'에 선정되어 '전북대학교 최명희홀'에서 받은 우렁찬 박수 소리가 지금도 귀에 쟁쟁하다.

 등단하고 다음 해부터 일반인들을 대상으로 대구수필문예대학에서 수필창작 강의를 하게 되었고, 이어서 MBC문화센터, 대구중앙도서관 생활수필아카데미, 경신고 솔빛수필아카데미 등에서 지금도 강의를 계속하면서 백수 아닌 백수로서 보람과 행복을 쌓고 있다. 나에게 수필은 교직과 퇴직 이후를 이어주는 희망과 축복의 청운교, 백운교이면서 우화등선적 삶이 된 셈이다.

 또 퇴식과 더불어 대구광역시 교육청에서 시작한 '학부

모역량강화교육' 강사로 선발되었다. 대부분 교장급의 강사였지만, 평교사 출신으로 선발된 것도 뜻밖이었다. 해마다 70여 학교에서 강의하였으며, 지금까지 260여 학교의 학부모들에게 자녀의 '진로지도'와 '독서지도'에 관한 강의를 하였다. 100분쇼를 하듯이 신나고 열정적으로 강의하고 나면 몸은 피곤할지라도 정신은 더욱더 맑아짐을 느끼며 행복을 쌓는다.

재능 기부의 향기는 영육의 만족에서 오늘도 활짝 피어난다.

- 사학연금 제1회 '2017, 성공의 인생이모작' 수기 공모 최우수상 수상작

죽음에 빚진 삶

 오늘도 산길을 걷는다. 눈앞에 펼쳐진 풍광에 젖어 들며 청량한 물소리를 따라 걷는다. 출발이 활기차다. 오랜 세월 함께한 삶의 역정歷程처럼 아내와 나는 자연스럽게 속도를 조절하며 이따금 힘든 표정을 살핀다. 험한 언덕을 오를 때면 서로 손을 잡아주고 이끌어 준다. 긴 산행 같은 인생. 그 인생길이 언제나 평온한 삶이 아니듯 산세와 산경은 한결같지 않다.
 생기 왕성한 나무들이 많으나 간간이 쓰러진 나무들이 눈에 들어온다. 세찬 비바람이 몰아친 모양이다. 바닥에는 꺾이고 부러진 나뭇가지가 지천이고, 뿌리째 뽑혀 바닥에 누운 채로 이미 말라 죽은 나무도 많다. 생사와 귀천이 엇갈린 모습이다. 무심히 바라볼 수가 없고, 외면할 수 없는 존멸의 현장. 저것도 자연의 순리일까?

한참 동안 바람의 흔적과 나무의 명운命運을 바라본다. 다양한 생목生木과 고목枯木의 모습들. 스스로 힘차게 잘 살아가는 나무가 있는가 하면, 서로 기대고 의지하며 생존하기도 하고, 산 나무에 기댄 죽은 나무도 있다. 인간이든 자연이든 불의의 고난과 시련을 굳건히 견뎌내기도 하고, 그렇지 못한 경우도 많은가 보다.

잠시 후, 나의 눈길을 사로잡는 한 나무! 절반 넘게 비스듬히 기울어진 나무는 고목에 기대어 살아가고 있다. 받침대가 되어 떠받치고 있는 죽은 나무가 없다면 저 나무는 쓰러져 뿌리가 뽑히고 말라 죽고 말았을 것 같다. 놀랍게도 산 나무가 죽은 나무에 의지한 채 살아가고 있는 셈이다.

산 나무가 쓰러질 때의 상황이 궁금했다. 오랜 세월 동안 산 나무를 떠받치고 있는 고목나무는 언제 어떻게 죽었을까? 저 나무가 힘에 겨워 넘어질 때 고목나무는 살아있었을까? 이미 죽은 상태였을까? 그리고 두 나무는 어떤 관계였을까?

바람의 흔적 같은 인생의 발자취. 바람 속의 삶, 바람 같은 인생! 언제나 온화한 바람만 불어오지 않듯이 한두 번 고난과 역경을 겪지 않은 사람이 그리 흔할까. 때로는 세찬 폭풍우가 몰려와 감당하기 힘든 시련도 있고, 산 사람의 울음소리마저 쓸어가 버리는 일도 없지 않다.

지난 삶을 되돌아보지 않고서 어찌 오늘의 삶이 온전할 수 있으며, 내일 또한 장담할 수 있겠는가. 나 또한 나이가 쌓이면서 지난날을 더듬는 시간이 더 많아진다. 오늘의 내 삶은 지난 세월의 확연한 결정結晶일 텐데, 생각할수록 고개 숙일 일들이 적지 않다.

 죽은 나무에 기댄 채 살아가는 저 나무. 죽은 나무는 살아생전 산 나무를 위해 온 힘을 다하다가 자신은 서서히 사라져 갔을 것이다. 어쩌면 죽은 나무의 끝없는 사랑과 헌신의 영혼마저도 이미 산 나무로 옮아가 하나가 되었을지도 모를 일이다. 죽은 나무의 힘으로 산 나무는 새로 잔뿌리를 내리고 희망찬 새 삶의 싹을 틔우게 되었으리라.

 텃밭에 심은 토마토 줄기에 열매가 열리면서 그 무게를 감당하지 못해 가지가 찢어지고 잎과 열매가 말라가고 있었다. 생명체의 종말이 두렵고 마음이 다급했다. 급히 받침대를 세우고 찢어진 가지를 끈으로 동여매었다. 차츰 잎에 생기가 돌고 열매가 익어갔다. 생명력의 기적을 보았고 받침대의 위대함을 알았다. 아무리 작고 보잘것없는 받침대라도 위기의 상처를 보듬어 줄 거룩한 존재가 될 수 있다는 진리를 또 하나 체험하였다.

 한가위 날, 가족과 함께 선산을 찾아가 성묘하였다. 오랜 세월 동안 언제나 나의 받침대가 되어 주신 어머니는 벌써 내 곁에 계시지 않고, 나는 새로운 가족과 함께하고 있다.

그렇게 힘든 날들을 굳센 교목처럼 하나뿐인 아들의 받침대로 살다 가신 어머니. 나는 아직도 당신께 무한한 사랑의 빚을 갚을 길 없이 살아가고 있다.

  백양나무 가지처럼 연약한 힘이나마 나도 누군가를 위한 받침대가 될 수 있을까? 어느덧 인생의 산등성이에서 내려오며 남은 걸음마다 비틀거리며 넘어지지 않을까 염려한다. 나는 산길을 내려오듯이 다리에 힘을 주며 한 발자국씩 조심스레 걸어가고 있다.

영혼 한 조각

 내 영혼은 욕망으로 몸부림쳤다. 젊은 시절, 마음속 깊숙이 움을 틔우며 내 욕망의 영혼과 함께한 고통과 환희. 그것이 이 계절에 다시 고독한 영혼으로 나를 불러 세운다.
 아름다운 결실의 계절이다. 나의 지난 시간은 가을을 풍성하게 맞이하기 위한 욕망의 연속이었다. 꽃의 향기도 새들의 지저귐도 무엇이 다를까? 봄에 노래하는 새와 가을에 우는 새는 그 꿈이 다르다. 가을의 비장한 울음 뒤에는 결실을 소망하는 숭고한 기원이 충만하다. 고운 향기가 사라지고 아름다운 꽃잎이 떨어지는 아픔을 견뎌야 열매가 맺힌다는 이치를 이제야 조금씩 깨닫는다. 열매는 새들의 울음소리에 여물고, 하늘의 천둥과 눈물 속에서 영글어간다는 거룩한 이치마저도.

가을엔 은풍한 결실을 기다린다. 도토리가 익어 떨어지면 밤송이도 제 모습을 자랑한다. 온 누리에 벼가 무르익고 사과가 붉게 물들어 가는데, 찬바람이 내 가슴을 파고드는 것은 왜일까? 충족하고 거둘 게 많은 자는 이 가을도 그러하지 않을까? 오곡백과가 풍성할수록 더욱 마음이 허허로운 것은 무엇 때문일까?

　가을이 되면 지난봄과 여름이 생각나듯이, 나이가 들어가면서 젊은 시절이 두연 떠오른다. 망망대해에서 허둥대는 돛단배 같은 그때의 심정이 어떠하였던가. 불안 속에서 꿈의 미래를 갈망하던 시절. 대학에 들어가서도 굽이치는 소용돌이를 헤어나지 못하던 시절. 주경야독하며 달린 인고의 세월도 망망한 꿈이었던가?

　이 가을에 외롭고 쓸쓸함이 밀려드는 것은 아직도 욕망이 살아 있음일까? 바라는 바가 크면 클수록 허함 또한 더욱 큰 법이라는 이치를 어찌 모를까. 이제 자신을 제어할 수 있는 자아를 맞이할 나이이고 보면, 이 가을에는 문득 다시 찾아든 고독의 벗을 진정으로 반겨야 하리라.

　나만의 방을 마련해야 한다. 친구가 곁에 있어도, 이웃이 많아도, 때론 가족이 함께 있어도 무리 속의 기러기가 되기도 한다. 어느 날 문득 홀로 걸어가는 나의 뒷모습을 보았다. 이제부터 너를 벗으로 삼고, 때론 내 영혼의 참스승으로 섬겨야 한다. 너를 사랑해야 참 나를 찾을 수 있다는 진리도 다시금 되새겨 볼 때이다.

  가을 들판에 날갯짓하는 고추잠자리의 찢어진 날개를 보지 않고서는 아무것도 구할 수 없다는 일깨움은 지금보다 더 이른 시기에 알아차려야 할 것이었다. 외적 변화와 욕망을 채우려는 몸부림은 만추에 나부끼는 마지막 나뭇잎이다. 가슴속에도 머릿속에도 채워야 할 영혼의 진정한 벗. 내 영혼을 맑은 곳으로 인도할 너만이 절실할 따름인 것을 이 계절이 나에게 안겨 준다.

  이제 곧 겨울이 다가온다. 무성한 잎과 열매를 지켜준 나무도 메마른 가지만 남게 되리라. 메마르고 앙상한 가지라고 해서 어찌 생명조차 잃은 것이겠는가. 생명이 살아 있는 그 날까지 존귀한 존재라는 무한한 가치는 대우주의 진리이다. 저 가지 위를 떠도는 흰 구름을 바라보는 것은 나의 보편적이고 편안한 일상이 되어야 하리라.

  대지에 뿌리를 내리고 나뭇가지를 받쳐주듯, 나 또한 두 발을 굳건히 딛고서야 한다. 이 가을에 나는 고독이 가져다 준 소중한 선물을 또 하나 얻는다. 그 맑은 영혼 한 조각을 내 작은 우주에 담아야만 한다. 어찌 내 영혼의 가지에 풍성한 결실을 탐낼 수 있으랴. 이 가을에 너를 벗 삼아 맑고 따스한 영혼으로 나의 겨울을 기꺼이 맞이해야 하리.

그냥 나왔어

"선생님, 어디 가시는 길입니까?"

"아니야. 그냥 나왔어. 특별히 갈 곳은 없고, 매일 그냥 밖으로 나온다네."

도시철도 지하 승차장으로 내려가고 있었다. 10여 미터 앞에서 한 노인이 지팡이를 짚고 천천히 걸어왔다. 노인은 나와 가까워지면서 계속 나를 쳐다보다가 멈칫멈칫하였다. 그 순간 나는 발걸음을 딱 멈추었다. 첫눈에 알아보지 못했으나 분명히 옛 선생님이었다. 깜짝 놀랐다. 당황스러울 정도로 선생님의 모습이 너무 많이 변하셨던 것이다.

중학교 때 국어 선생님. 그때 선생님께서는 30대의 젊은 교사였다. 패기가 넘친 수업 시간에는 눈을 지그시 감고 시를 낭송하면서 우리에게도 좋은 시를 많이 외우게 했다. 방과 후에는 혼자 운동장에서 농구공을 두 손으로 번갈아 치고 달리면서 운동을 자주 하셨다.

 오랜 훗날, 나도 선생님과 같은 도시에서 교편을 잡으면서 간혹 선생님의 소식도 듣고 뵐 수도 있었다. 선생님께서는 장학사로 근무하다가 교장으로 퇴임하셨다. 그 후 20년도 더 지나서 우연히 뵙게 된 것이다. 반가운 마음에 인사와 함께 내 소개를 드렸더니 바로 알아보셨다. 선생님께서도 내가 안면이 있어서 유심히 보았다고 하셨다. 가까이서 뵈니 몸을 힘겹게 움직일 정도로 건강이 좋지 않은 것 같았다.

 선생님은 몇 년 전에 뇌졸중을 앓으셨다. 조금 어눌하고 힘없는 목소리지만, 의미 전달은 분명하였다. 지금은 거동이 불편하나 많이 좋아져서 천천히 걸어 다닐 수 있어 다행이라며 미소를 보이셨다. 그 미소 깊은 곳에는 복잡하고 미묘한 삶의 강물이 흐르고 있었다.

 좀 더 선생님과 함께하면 좋겠다고 생각하면서도 약속된 강의 시간이 있어서 전화번호만 여쭙고 헤어져야 했다. 열차에 앉아서도 선생님의 모습이 지워지지 않았다. 그 짧은 대화 가운데 잊히지 않는 한마디가 계속 머릿속을 맴돌았다.

 "그냥 나왔다."라는 그 말씀이 왜 그렇게 특별하게 들렸을까? 내 마음은 세찬 비바람에 일렁대는 물결처럼 복잡하고 혼란스러웠다. '선생님은 언제부터 그냥 나오고, 그냥 걷고 싶으셨을까?' 나도 그럴 때가 더러 있지 않았던가. 그냥 나오고 걷는 것도 어쩌면 삶의 도정이고 역정일는지 모를 일이다.

 선생님께서 말씀하신 '그냥'의 의미에는 내가 아직 느껴 보지 못한 또 다른 심연이 놓여 있을 것 같았다. 한평생 바쁘게 살아오셨을 텐데, 이젠 정처 없이 "그냥 나왔다."라는 그 말씀은 내 평온한 의식 보따리를 발기발기 찢어 놓았다. 창백한 안색과 어두운 표정에서 세월의 무상함이 잔뜩 배어 있는 듯했다. 선생님을 뵌 반가움보다는 세월의 연민 너머로 엄습해 오는 내 심경이 지루한 장맛비처럼 더욱 질펀해져 왔다.

 선생님과 헤어져서 열차에 앉아서 보니, 차에는 유달리 노인들이 많았다. '저분들은 어디로 가는 중일까? 선생님처럼 그냥 나왔을까?' 그때 창밖으로 내 모습이 비쳐 보였다. 내가 생각하듯이 내 앞에 앉은 젊은이들도 나를 보면서 그렇게 생각할 수도 있을 것 같았다. 혹시 저들 중에 오래전 나의 제자가 있어서 우연히 나를 본다면 어떤 마음일까? 갑자기 나도 모르게 허리를 곧게 펴고 똑바로 앉으려고 하는 자신을 보며 잠시 미소를 지었다.

 선생님께서 말씀하신 '와사보생臥死步生'이란 말, 누우면 죽고 걸으면 산다는 말일 듯하다. 선생님은 생사의 문제를 얼마나 많이 생각하셨을까? 댁에서 멀지 않은 이곳 지하철역까지 걸어와 지하철 쉼터에서 쉬기도 하고, 지하철을 타고 이곳저곳 다녀온다고 하셨다.

며칠 뒤, 선생님께 전화했다. 점심을 함께하자고 말씀드리니, 사양하시면서도 매우 반갑게 약속 시각과 장소를 정했다. 일부러 점심시간 한 시간 전쯤에 가까운 마을 공원에서 만났다. 당신의 가족과 건강 이야기며 오랜 교직 생활에 관한 말씀으로 시간이 부족했다. 식당으로 옮겨 식사하면서도 끊임없이 말씀하셨다.

당신께서 거동이 자유롭지 못하니 가족도 친구도 늘 함께할 수 없다고 하셨다. 하물며 지인들과 식사 약속도 편히 할 수 없고, 함부로 전화도 못 하셨다. 몸이 불편하여진 지 수년이 되니 저절로 혼자가 되더라는 말씀이었다. 말씀 곳곳에서 외로움과 쓸쓸함이 이마의 땀처럼 스미어 나왔다. 선생님의 동공 속에 덧대어 보이는 내 모습을 완전히 외면할 수가 없었다.

요즘은 모임에도 될 수 있으면 덜 참석하지만, 몇 해 전까지만 해도 자주 나갔다고 하셨다. 주변 사람들이 내가 불편한 몸으로 가면 싫어하는 줄 뻔히 알면서도 열심히 참석하셨다. 늙고 병들면 남에 대한 의식보다 더 소중한 것이 자신의 생명줄이고, 자신에게 더 끈질기게 집착하게 되더라는 말씀에 눈시울이 뜨거워졌다.

"이런 몸이 되니 세월이 무상하고 웃을 일이 별로 없어. 지난날, 건강도 돌볼 겨를 없이 앞만 보고 달린 직장 생활이 그때는 사명감이고 보람이고 성취감으로 여겼는데, 지나고 나니 그것이 진정한 행복인지도 알 수 없어."

선생님은 남들이 선망하는 자리까지 오르는 교직 생활을 하셨다. 그때 좀 더 마음의 여유를 갖고 살 수도 있었을 것을, 그렇게 하지 못한 당신의 외줄기 삶을 많이 아쉬워하는 듯했다. 선생님의 인생은 뿌리 없는 평초萍草는 분명 아니셨다. 그러나 세월이 흐르고 보니 미처 알지 못했던 작은 깨우침 같은 것들이 뒤늦게 찾아오더라는 말씀이었다.

어쩌면 인생은 그냥 나왔다가 그냥 가는 존재가 아닐까? 우리네 인생이 흐르는 강물처럼 세월을 잊고 그냥 그렇게 흘러갈 수만 있다면, 그것 또한 다행일 것 같다. 옛사람이 노래했듯이, 인생이란 천지간의 하루살이요, 드넓은 바다의 좁쌀 한 알과 다를 바 없는 존재로서 한순간도 변하지 않을 수 없는지 모른다. 그러나 달리 보면, 천지 만물은 오직 하나의 근원으로서, 나고 죽음마저도 따로 없는 영원한 생명일 수도 있지 않을까? 이렇게 되뇌며 짧고 덧없는 삶을 위로받으며 시름을 잊고 싶어지는 것이 우리네 인생일 것 같다. 짧다면 짧고 길다면 긴 인생길에서 위대한 노병 같은 존재도 흐르는 세월 앞에서는 비록 연약하고 초라한 모습일지라도 그 눈빛 속에 빛나는 인생 훈장은 숭고한 것이리라.

  두어 시간 동안 가쁜 숨을 몰아쉬면서도 신나게 들려주신 선생님의 말씀들이 예사롭게 들리지 않았다. 선생님 댁까지 함께 걸어가면서도 복잡한 생각이 가슴 깊이 밀려들었다. 팔순 중반의 연세에 거동은 많이 불편하지만, 저토록 맑은 정신으로 계시니 여간 다행한 일이 아니었다. 당신께서는 내일도 모레도 오랜 훗날에도 햇살이 환한 세상 속으로 웃으시며 또 그냥 나오실 것이다.

  오늘 다시 선생님께 전화를 드렸다. 한층 밝고 힘 있는 목소리로 반갑게 받으셨다.

  "날씨가 화창하여 그냥 나왔다가 선생님께 전화합니다."

  어느덧, 푸른 나뭇잎 사이로 단풍잎이 곱게 물들고, 파란 하늘에는 흰 구름이 유유히 흐르고 있다.

어머니의 불빛

저녁 산책길, 가로등이 대낮처럼 밝다. 휘황찬란한 대구 스타디움의 불빛 아래에서 사람들이 즐겁게 지내고 있다. 빛을 가르며 인라인스케이트를 타고, 셔틀콕을 날리며 사랑을 주고받는다. 저토록 불빛이 밝으니 나도 갑자기 돗자리를 깔고 앉아 재미난 애정소설이라도 읽으며 더운 밤을 지새우고 싶어진다. 어릴 적 시골집에서 흐릿한 호롱불 밑에서 연필심에 침 바르며 숙제하던 시절은 이젠 동화 속의 옛이야기가 되었다.

내가 도시로 나가 공부할 때, 주말이 되면 어머니가 홀로 계시는 고향 집에 갔다. 늦은 밤에 버스에서 내려 마을까지 어두운 밤길을 걸어가야 했다. 그때 시골길은 이곳의 가로등 길과는 매우 달랐다. 희미한 달빛과 별빛만이 나의 앞길을 비추었고, 구름 낀 그믐밤이면 천지가 적막하고 한 치 앞을 분간할 수 없어 매우 조심스레 발걸음을 옮겨야 했다.

그때 가족으로는 나와 어머니뿐이었다. 주말이면 나를 학수고대하시는 어머니가 대문 밖까지 환하게 불을 밝힌 채, 어김없이 나의 저녁 밥상을 차려놓고 계셨다. 전화기도 없던 그 시절, 어쩌다 내가 고향에 가지 못할 때는 어머니께서 밤늦도록 불을 밝히고 기다리셨다. 밤새껏 불이 밝혀져 있으면, '오늘은 저 집 아들이 오지 않았구나.' 하며, 이웃이 알아차릴 정도가 되었다고 했다.

어두운 시골길. 어머니께서는 내가 걸어오는 길을 조금이라도 더 밝혀 주고 싶어 그리하셨을까? 집 안의 적적함에서 벗어나고 싶어 그러셨을까? 그 전등불을 아무리 밝힌들 몇 리 밖 큰길까지 밝혀 줄까마는, 어머니가 보내 주신 사랑의 불빛 덕분으로 칠흑 같은 시골길을 한 번도 돌부리에 걸려 넘어지지 않고 무사히 어머니 곁으로 갈 수 있었는지 모른다.

토요일 오후가 되면 어머니께서는 언제나 밭에 나와 계셨다. 그때는 그것이 마중 나와 계시는 것인 줄 몰랐다. 버스에서 내려 집으로 걸어가는 도중에 우리 밭이 있었다. 그 밭에서 일하시다가 나를 반갑게 맞이하여 함께 집으로 가곤 했다. 어머니가 부르는 소리를 듣고 밭으로 가면 이미 여러 가지 채소를 광주리에 소복이 담아 놓고 기다리셨다.

내가 도착하면 곧장 집으로 갈 준비를 하고 계셨다. 어머니는 그때 밭일이 있어서 그곳에 계셨던 것이 아니라, 주말에 나 오는 아들을 조금이라도 빨리 만나서 함께 집으로 가려고 일부러 밭일하시면서 나를 기다리셨던 것이리라.

지금은 대도시와 가까운 곳이라 형편이 많이 나아졌지만, 그때 고향 마을은 너무나 가난한 동네였다. 동네 이름도 '빈지동貧地洞'이라는 별칭이 붙을 정도였다. 우리 집도 크게 넉넉하질 못했다. 그런 중에 내가 마을에서 유일한 대학생이었으니, 어머니는 아들과 함께 마을 길을 걸어가고 싶으셨을까?

당신께서는 대도시의 밝은 가로등처럼 환하게 불을 밝히지는 못하셨지만, 하나뿐인 아들을 위해 평생토록 밝혀주신 헌신적인 불빛은 나의 앞길을 밝히고도 남았다. 정녕코 그랬다. 내 삶에서 언제 어디서나 어머니의 가로등은 한결같이 내 갈 길을 환하게 비추어 주셨으니, 그 덕분으로 무사히 걸어갈 수 있었으리라.

나는 어머니의 등불이었고, 어머니는 나의 가로등이었다. 나는 지금 당신께서 그토록 간절히 기원하신 희망의 등불이 되었는가? 나는 얼마나 등불을 밝히고 살아왔으며, 나의 불빛이 필요한 사람들에게 얼마나 밝은 빛이 되어 주었던가?

오늘 밝은 가로등 밑을 걸으면서 어머니의 불빛이 새삼

그리워진다. 아직도 많이 미혹하여 바람 앞의 등불 같은 나의 인생길을 좀 더 밝혀 줄 어머님은 지금 어디 계시는가? 고개를 들어 보니 둥근 달이 가로등과 함께 웃고 있다.

나신의 천국

발가벗고 살고 싶다.
그런 세상이 어디 없을까?
방송에서는 오늘도 갑질 이야기다. 어느 회사 회장의 갑질 횡포가 보이더니, 군 장성의 갑질에 이어, 오늘은 또 대학교수의 갑질 이야기가 세상을 떠들썩하게 한다. '갑질'이란 말은 아직 사전에도 실려 있지 않다. 갑을 관계에서의 '갑'에 어떤 행동을 뜻하는 '질'을 붙여 만든 말로써, 권력의 우위에 있는 갑이 약자인 을에게 하는 부당 행위를 일컫는 개념인 듯하다. 이제 우리 사회에는 '갑질'에서 더 나아가 '슈퍼갑질', 심지어 '울트라갑질'이라는 말도 유행하고 있으니, 국어사전에도 버젓이 오를 날이 머잖다.
나는 보던 방송을 꺼 버리고 잠시나마 갑질의 슬픈 현실을 잊을 수 있는 곳으로 옮겼다. 이곳은 나신裸身의 세상, 나도 벗고 너도 벗고 모두가 발가벗었다. 사람이 발가벗으면 원초적 자연의 상태가 되는 것은 아닐까? 인간이 뒤집어 쓴 늑대나 여우의 가면을 모두 벗기고 나면, 아담과 이브가 나뭇잎조차 가리지 않은 채 숨바꼭질하던 에덴동산이 다시 찾아오려나?

모두가 벗고 나면 계급도 빈부도, 강자도 약자도 알 수 없는 세상. 계급장을 붙일 곳이 없으니 상하 귀천이 어디 있으며, 권문세가의 고관대작인들 구별될 리 있으랴. 여기서는 허리 꺾는 인사도 거수경례도, 굴종할 일도 아첨할 일도 없으니, 명령할 사람도 횡포를 부리며 갑질할 사람도 없다. 그래서인지 모르나, 나는 매일 이곳을 즐겨 찾은 지 오래다.

오늘도 이곳에 왔다. 위층 헬스클럽에서 한두 시간 찜찔한 땀을 빼고 나서 탕 속에 몸을 담그면 어느덧 몸과 마음이 가벼워진다. 바깥은 덥고 열불 나는 세속이지만, 이곳은 열탕에 앉아서도 오히려 시원하다. 누가 어떤 자리에서 어떤 옷을 입고 무슨 일을 하고 왔는지도 알 수 없고, 구중궁궐이든 초가삼간이든 어디에서 자고 왔는지, 무슨 성찬을 먹고 왔는지도 표가 나지 않는다. 여기는 정의의 여신이 들고 있는 저울보다 공평한 세상이다.

한참 동안 탕 속에서 속된 기운을 떨어내고 나니, 온몸에 새로운 피가 용솟음치는 듯하더니, 이 땅의 모든 사람이 발가벗고 살면 '나신의 천국'이라도 될까 하는 엉뚱한 상상을 해본다. 또 1960년대 히피족들의 삶도 떠오른다. 기성세대의 사회 통념, 제도, 가치관을 부정하고 인간성 회복과 자연에 귀의하고자 한 젊은이들이 폭력과 억압에 저항하고, 비폭력적인 평화로운 사랑을 외쳤기 때문일는지 모른다.

누가 계급과 상하 귀천의 신분을 만들었으며, 금수저와 흙수저의 탄생은 어떻게 극명할 수 있을까? 법 없이도 산다는 말과 법이 있어야 산다는 말은 무슨 차이일까? 생각할수록 복잡한 세상의 알 수 없는 사회 구조 속에서 어렵고 힘들게 살고 있다는 것을 오늘도 실감한다. 이때 갑자기 등 뒤에서 "너만 그러냐?"라는 고함이 데모꾼들의 함성처럼 밀려오는 듯하다.

갑을 관계가 없는 곳에는 갑질 횡포도 없을 것이고, 갑질이 없으면 정신적 분노도 물질적 부당함도 없지 않겠는가. 세상사에 갑을 관계야 어쩔 수 없는 사회 구조라고 하더라도 직업에 상하 귀천이 없고, 사람 위에 사람 없다는 인도주의적 고귀한 정신이 말살되지 않은 인간 사회는 영원히 실현될 가능성이 없는 바벨탑일까?

모두 발가벗은 이곳에서도 가끔 싸움이 일어나기도 한다. 나는 모녀간의 싸움은 보지 못하지만, 부자간의 싸움은 더러 본다. 탕에 들어가기 싫어하는 아이에게 뜨겁지 않으니 들어오라고 강요하는 아버지와 아들의 갈등도 결국에는 "세상에 믿을 사람 아무도 없네!" 정도로 끝난다. 한쪽에서는 때수건을 움켜잡고 등을 빡빡 밀다가 벌어지는 부자간의 싸움은 한순간의 웃음거리일 뿐이다. 잠시 후면 시원한 욕조에서 물장구치며 평화로운 웃음으로 끝난다. 이 정도야 갑을 관계의 횡포라고 할 수 있겠는가.

나는 어떤 존재일까? 이 힘도 저 힘도 없으니 다행인지 불행인지 모르겠으나 갑은 될 수 없다. 그래도 혹시나 내 앞에서 조금이라도 을의 기분을 느끼는 상대가 존재한다면 어찌해야 할까? 생각만 해도 미안하고 죄송스러운 일이지만, 곧바로 언행을 조심하고 경계하며 재빨리 나신의 천국으로 달려가야 할 것이리라.

나는 가끔 알 수 없는 미래를 상상하며 혼자 미소를 짓기도 한다. 알파고보다 더 정확한 기능을 갖춘 시스템을 제대로 가동하여 이 땅의 각계 분야에서 일어나는 대표적 갑질 인간들을 탐색하여 자동으로 세상에 공표하게 하면 어떨까?

탈의실에서 옷을 입고 밖으로 나서려는데, 벽면 TV에서는 재벌 회장 사모님 앞에서 백화점 젊은 여사원이 무릎을 꿇고 앉아 있다.

다시 생각한다.

발가벗은 우리를 보고 싶다.
모두가 발가벗고 사는 그런 세상은 영원히 없을까?

알 수 없어요

 살아갈수록 알 수 없는 것이 많다. 세상사는 물론이고 나 자신마저도 그렇다. 시시각각으로 일어나는 상황을 옳게 판단하지 못하는 경우도 흔하고, 늘 보고 겪는 사상事象의 기본적인 이치도 모른다. 인생이 무엇인지, 어떻게 사는 것이 잘사는 것인지에 이르면 더군다나 오리무중이다. 제대로 알지도 못하면서 아는 듯이 떠들어댄 경우도 많았으니 부끄럽다고 해야 할까, 그때가 좋았다고 해야 할까?
 알고자 할수록 모르는 것이 더욱더 많아지기 마련이다. 아는 만큼 만족하고 더 알고자 하지 않으면 답답할 것도 없으련만, 그마저도 쉽지 않다. 최첨단 정보통신기술의 원리를 모르면서 온갖 전자기기를 잘도 사용하듯, 인생이 무엇인지 곰곰이 따져보지 않아도 삶은 이어지고, 우주에 대한 신비한 지식과 무관하게 오늘 아침에도 태양은 떠오르지 않던가.

책을 가까이하면 할수록 모르는 정보와 지식이 얼마나 많은지를 새삼 실감한다. 첨단 과학을 접할 때마다 그 원리와 이치를 전혀 모르고, 알려고 해도 절대 쉽지 않다. 손톱만 한 전자 칩에서 대학도서관의 책 내용을 모두 담을 수 있고, 머리카락의 오십 분의 일밖에 안 되는 나노 섬유가 만들어진다는 사실에 나는 놀라지 않을 수 없다.

뒤늦게나마 궁금한 것이 많아지면서 답답할 때도 있다. 그런데 세상에는 알아야 하는 것도 많지만, 모르는 게 더 나은 것도 없지 않다. 나는 요즘 우리 사회의 시끄러운 문제들을 바라보며 나름대로 답을 내어 보려 하지만, 어느 쪽의 주장이 옳은지 알 수가 없다.

알려고 해도 모르는 게 어디 한둘일까. 스님과 목사님의 깊은 뜻도 모르고, 진보와 보수의 이념은 물론, 정치인의 말 속에 담긴 숨은 뜻은 더욱 알 수 없다. 저마다 자신이 제일 옳다고 우기는 세상이다. 다 옳다고 믿으려고 하니 내가 속는 느낌이고, 다 그르다고 하려니 내가 더 무식한 사람이 될 것 같으니, 그것도 알 수 없다.

모르는 것도 내 탓이니, 이젠 어쩔 수 없는 일이다. 더 알려고도 하지 말고, 더 채우려고도 하지 말아야 할 것 같다. 지금 아는 만큼이라도 옳게 지키고 실천할 수만 있다면 그나마 다행한 일이다. 알면서도 실천하지 않는 것은 몰라서 못 하는 것보다 더 나쁘다고 하지 않았던가. 그래서 일찍이 소크라테스 철인은 '너 자신을 알라.'고 했던가? 뒤늦게나마 나의 무지함을 조금씩 알아가니, 모르는 것을 아는 것도 아는 것이라고 스스로 위로하며 치소恥笑를 짓는다.

  닭이 먼저일까, 달걀이 먼저일까? 그러고 보니, 세상에는 '모른다'고 하는 것이 정답이 되는 경우가 참으로 많을 것 같다. 옳게 알지도 못하면서 옳다고만 주장하는 사람들이 많은 세상. 모르는 것을 모른다고 말하면 되는 것을 나는 너무 길게 이야기했다. 모른다고 말하는 데에도 무엇이 더 필요할까? 그것 또한 알 수 없다.

나도 그렇게 못 산다

 오늘도 인터넷 카페에서 '우선羽仙'을 만난다. 오래전, 내가 카페에 처음 가입할 때, 닉네임으로 '우화등선羽化登仙'이란 말을 사용하였다. 훗날, 그것을 줄인 '우선羽仙'을 내 별호로 지금까지 쓰고 있다. 스스로 생각해도 분수에 넘치는 별호가 아닐 수 없다. 속세의 보통 사람인 내가 감히 '신선 선仙' 자를 넣어 별호로 사용한다고 생각하면 조심스럽기도 하다.
 내 생각은 조금 엉뚱하고 달랐다. 소동파의 〈적벽부〉에 나오는 '우화등선羽化登仙', 날개가 돋아 신선이 되어 하늘에 오른다는 뜻으로, 번잡한 세상일을 떠나 마음이 평온하고 즐거우며 기분이 좋은 상태를 이르는 말이다. 어찌 내 몸에 날개가 돋아 신선이 되어 하늘로 오를 수 있겠는가마는, 오래전 〈적벽부〉를 읽다가 이 말의 의미가 정말 좋아서 사용했는데, 여기에는 나의 깊은 속마음이 숨어 있었다.

그때의 내 인생은 우화등선과는 너무나 거리가 먼 삶이었기에 될 수 있으면 소박한 마음으로 자신을 성찰하며 조금씩 다스려 나가고 싶었다. 신선의 경지에 다다르고 싶다는 것은 당찮은 일이지만, 나날을 보다 평온한 마음으로 즐겁게 지냈으면 좋겠다는 진솔한 소망일 뿐이었다.

스스로 자신을 다스린다는 것은 정말 쉽지 않은 일이다. 그렇다고 매일 현인을 찾아가 가르침을 받을 수도 없고, 성현 군자의 고전을 읽으며 깨우치고 다잡을 수도 없지 않은가. '우화등선'이란 말을 나의 스승으로 삼아 부족하나마 수양의 길잡이로 삼아야겠다고 생각한 것이다. 매일 보는 카페의 닉네임으로 사용하면서 하루에도 몇 번씩 볼 때마다 스스로 느끼고 다짐하는 계기가 되길 바랐다. 또 '우선'을 별호로 사용하면서 주변에서 가끔 불러 주기라도 하면, 그때마다 그들도 내 인생에 고마운 길잡이가 될 것으로 생각했다.

평생 교직을 천직으로 여기며 지냈지만, 항상 보람과 즐거움만 있는 것은 아니었다. 나의 보잘것없는 지식과 부족한 인성을 수많은 학생에게 나누고 지키느라 힘겹고 지치기도 하였다. 자신의 현실에 만족하고 사는 사람들이 얼마나 될까마는, 나 또한 거기에서 바삐 벗어나고 싶었고, 40여

년을 마감할 때는 솔직히 아쉬움보다는 시원함이 더 컸다.

어느 노학자의 말씀이 인상 깊게 남아 있다. '퇴직 후 십 년이 인생의 황금기'라는 말이다. 나는 요즈음 이 말의 의미를 실감하며 지내고 있다. 무엇보다도 온갖 굴레와 규제로부터 헤어난 기쁨을 얻고, 자유와 자율이 스스로 평온한 들판으로 영혼을 내닫게 한다. 이제라도 내가 하고 싶은 것을 골라서 할 수 있다는 것이 얼마나 큰 다행인가 싶기도 하다.

퇴직한 지도 몇 해가 지났다. 흔히 퇴직한 사람을 두고 '백수'라고 하지만, 나는 다행인지 불행인지, 백수 같지 않은 백수로서 바쁘게 지내고 있다. 이젠 과욕에서 벗어나고자 자신을 다독이며 살려고 애를 쓴다. '내가 ㅇㅇ라면 좋을 텐데.'라는 생각은 버리고, '내가 ㅇㅇ이 아니라서 다행이다.'라는 단순한 교훈을 늘 마음에 품고자 다짐한다. 어쩌면 이것이 행복을 향한 바른길이고, 옛 현자들이 말하는 '신선적 삶'에 한 발자국 다가서는 길이 아닐까 싶어서다.

요즘도 가끔 학교나 수필교실에서 성인을 대상으로 강의할 때, 농담 같은 진심으로 "여기에 오신 여러분은 모두 신선처럼 살고 있는 것 같다."라고 말한다. 그렇게 말하면서 모두 우화등선적 삶을 함께하길 소망하고, 나 자신을 더욱 성찰하고자 하는 것이다. 그리고 그들에게 전설 같은 신선 이야기를 하면서 또 스스로 채찍질한다.

어느 고을에 아주 정직하고 성실하기로 소문난 선비가 살고 있었다.

어느 날, 천상 신선이 그 사실을 알고 선비를 찾아왔다.

"당신에게 큰 상을 내리고자 하니, 한 가지 소망을 말해 보시오."

"아닙니다. 저는 대단한 일을 하지도 못했고, 그저 사람으로서 사람답게 살고자 하였을 뿐입니다."

"그렇지 아니하오. 사람으로서 사람답게 살기가 어찌 쉬운 일이겠소. 어서 말해 보시오."

"저에게 무슨 큰 욕심이 있겠습니까. 잠잘 집이 있고, 입을 옷이 있고, 끼니를 거르지 않으면서, 가끔 마당에 나가 화초에 물을 주고, 조용한 시간에 마음 편히 책이나 읽으며 살고 싶을 뿐입니다."

이렇게 선비가 겸손하게 자기의 소망을 말하였다.

그 말을 듣고 있던 신선이 갑자기 버럭 화를 내면서 큰 소리로 말했다.

"에끼, 이 사람아! 나도 그렇게 못 산다."

꼴찌의 도道

꼴찌의 도道
연필을 깎으면서
왕대밭에 왕대 나고
꽃은 피고 지고
존재와 행복
반환점
담장 허물기
나의 꽃 나의 향기

꼴찌의 도道

 나도 악기를 연주하고 싶었다. 주변에 지인들이 멋들어지게 악기를 연주하는 모습이 부러웠다. 음악을 좋아하는 나는 오래전부터 생각하고 있었으나 선뜻 시작하지 못했다.
 퇴직 후에도 이곳저곳 강의로 바쁘게 지내다 보니 한동안 잊고 지냈다. 지난해부터 바쁜 일정을 줄이고, 가까운 주민센터에서 하모니카를 배우기 시작했다. 학교에서나 사회에서 가르치는 일에만 전념하다가 내가 하고 싶은 취미생활을 하면서 배우는 처지에서 여유로운 시간을 갖는 것도 좋았다.
 초급 3개월 반에 등록하였다. 교과서에서 많이 보았던 쉬운 곡들부터 연주하였다. 재미있고 쉬웠다. 나는 어릴 적에 하모니카를 불며 놀아서 그런지 쉽고 아는 노래들은 저절로 입이 따라가며 소리를 낼 수 있었다. 자신감이 충만했다. 3개월이 지날 때는 아는 가요나 명곡도 제법 음정을 찾아갈 수 있었고, 교재도 보지 않고 혼자서 연주하는 즐거움을 느꼈다. 아쉽게도, 3개월 과정을 마치고 내 강의 시간과 겹쳐서 계속하지 못하고 말았다.

그러다가 올 1월부터 중급반에 다시 등록하였다. 초급반은 내 강의 시간과 요일이 겹쳐서 중급반으로 용감하게 올라간 것이다. 이렇게 용기를 낸 데에는 겹치는 시간도 하나의 이유였지만, 충만했던 자신감이 더 큰 동기였는지 모른다. 그러나 수업에 들어가 보니 초급반 3개월만 마치고 중급반으로 올라온 사람은 아무도 없을뿐더러, 적어도 초급반에서 1, 2년 이상 연습한 분들이었고, 중급반에서도 몇 해씩 계속 공부하는 분들이 많았다. 이들은 전문 연주를 목적으로 하면서, 몇 사람은 계속 하모니카 연주 봉사 활동을 하고 있었다.

첫 시간부터 쩔쩔매기 시작하였다. 복습 곡이라면서 제목도 모르는 곡을 펴고는 하모니카를 두 개씩, 세 개씩 함께 잡고서 연주하였다. 내가 지닌 하모니카는 세 종류밖에 없었다. 그날 집에 돌아와서 계속할 수 있을는지 고민했다. 걱정되었지만 중단할 수는 없다고 생각하면서, 바로 인터넷 쇼핑몰에서 7개의 하모니카를 더 주문했다.

몇 달 지나면서 아는 곡은 대충 따라가면서 소리는 낼 수 있었다. 그러나 내가 미처 알지도 못했던 다양한 반주 기법이나 숫자 악보를 보고 연주하는 능력이 부족함을 많이 절감하였다.

 살아오면서 음악이 좋아서 노래도 즐겨 부르고, 음악 이론 공부도 좀 하였다. 피아노로 애국가 4부 반주도 할 수 있었던 젊은 시절을 생각하며, 스스로 음악적 소질은 좀 있다고 생각했던 자신이 갑자기 부끄러웠다. 초급반에서 가졌던 자신감과 우월감은 나의 경솔한 자만심이었다.

 수업 시간에 가끔 시범 연주를 하는 강사를 볼 때마다 놀랍도록 감동하면서, '인간의 능력은 끝이 없구나.' 하고 감탄했다. 세상사 모든 일은 쉽게 이루어지지 않는다는 생각이 꼬리를 물기 시작했다. 공자 같은 성인도 자기가 천재로 태어났다고 자처하지 않고, 옛것을 좋아해서 부지런히 탐구하는 사람에 불과하다고 했는데, 나 같은 평범한 사람이야 더 말할 것이 있겠는가. 비상한 노력을 한 뒤에 특별한 결과를 기대하는 것은 당연한 순리일 것 같다.

 매시간 꼴찌에서 헉헉거리며 겨우 꽁무니를 따라가는 심정은 나 자신도 받아들이기 싫은데, 꼴찌의 애절한 심정을 이제야 깨닫는다는 사실을 생각하니 푸른 하늘을 쳐다볼 수 없다. 사람은 누구나 잘하는 부분이 있는가 하면 부족한 부분도 있고, 무슨 일에나 우등생이 있으면 열등생이 있기 마련이다. 꼴찌의 심정을 좀 더 일찍 절감하고 깨달았더라면 평생 교직에 있으면서 항상 어디에서나 있었던 꼴찌에게 더 깊은 정성으로 격려하고 지도할 수 있지 않았을까 하는 생각이 다시 든다.

  이제야 깨닫기에는 너무 늦은 것일까? 오늘도 애절한 하모니카의 리듬 속에서 또 하나 꼴찌의 도를 깨친다.

연필을 깎으면서

나는 가끔 연필로 글을 쓴다. 정성껏 연필을 깎으면서 정신을 가다듬고 숙성된 글감의 향취를 맡는다.

한때 서예 공부를 한 적이 있다. 그때 서실의 선생님께서 작품을 쓰는 광경을 여러 번 보았다. 협회 회장까지 지낸 그분은 반드시 몸을 정결히 하고 작품 쓰기에 임했다. 먹을 정성스럽게 가는 것을 시작으로 촛불을 양쪽에 밝히고 단정한 자세로 앉아서 한참 동안 눈을 감고 마음을 가다듬은 후에야 글씨를 써 내려갔다. 그렇게 완성한 작품에는 정말 혼이 깃들어 있는 것처럼 보였다.

내가 한 편의 글을 쓸 때도 그렇게 온 정성을 다하고, 나의 삶과 혼이 담겨 있는지를 생각해 본다. 그렇지 않다면 차라리 쓰지 않는 것만 못하다는 생각도 해 보지만, 나는 아직 그만한 경지에 이르지 못했음을 깨닫게 된다.

　오래전 내 결혼식의 주례를 서 주신 은사님께서 붓글씨 한 점을 써 주셨다. 인사를 드리려고 찾아뵈었을 때, 우리에게 번갈아 가며 정성껏 먹을 갈게 했다. 글씨는 은사님께서 쓰지만, 글씨에 담긴 의미와 정신은 우리 부부가 소망을 담아 정성껏 먹을 갈아서 만든 진하고 향기로운 먹물로 이루어졌음을 잊지 말라 하셨다. 나는 지금도 이 액자를 볼 때마다 정성을 다해 먹을 갈았던 그때를 되새긴다. 아마 그때 내가 정성 어린 소망을 담아 손수 먹을 갈지 않았다면 이 액자를 지금까지 간직하고 있지 않았을는지 모른다.

　지금도 글을 쓸 때면 가끔 옛날 스승에게서 받은 교훈이 떠오르곤 한다. 그럴 때는 일부러 정성껏 연필을 깎아서 쓴다. 깊은 밤에 혼자 앉아 연필을 깎으면서 마음을 모으고, 온 정성을 다해 한 편의 글을 쓰려고 노력한다. 옛날에 절굿공이를 깎아 바늘을 만드는 길거리의 할머니를 보고 자만에 빠져 있던 어린 이태백이 대시인으로 성장할 수 있었다는 교훈을 본받고 싶은 것이다.

　연필을 깎고 있으면 마음이 한결 고요하고 편안해진다. 깎을수록 작아지고 가벼워지는 나의 연필처럼 내 몸과 마음도 그렇게 되기를 소망한다. 마음속에 눌어붙어 있는 욕망의 껍질을 벗겨 내듯, 가슴에 응어리진 삶의 앙금과 아픈 생채기를 씻어내듯, 그렇게 연필을 깎으며 나의 일부를 깎

아내고 싶은 것이다. 또한, 연필로 쓴 글씨를 지우고 새로 쓰듯이 나의 인생살이도 그렇게 새로이 가꾸어 나갈 수 있었으면 좋겠다고 생각한다.

  내가 글을 쓰는 것은 내 삶을 새롭게 가꾸어가는 일이다. 녹슨 놋쇠 그릇을 닦듯이 내 마음을 닦아내는 길이며, 거친 산밭을 일궈 과수원을 조성해 가는 일이다. 나에게 이 길은 아직은 운무가 자욱하지만, 언제나 가고 싶은 아름다운 길이다. 그래서 오늘도 정성을 다해 연필을 깎는다.

왕대밭에 왕대 나고

 담양 대나무골 테마공원이 한눈에 들어온다. 넓은 산자락을 따라 소나무가 병풍처럼 둘러선 가운데, 일만여 평의 대숲이 하늘을 가리고 있다. 산마루에는 구름과 안개가 뒤섞여 노닐고, 이따금 햇살이 대나무 이파리에 반사되어 지나는 길손을 유혹한다. 대나무 숲은 어느 뜻있는 분이 30여 년에 걸친 노력으로 조성하였다고 하니, 그분의 깊은 뜻을 헤아릴 길 없으나 숱한 나그네의 발길을 붙잡는 마력만으로도 감탄을 자아내지 않을 수 없다.
 울창한 대나무 숲길 사이로 조성된 죽림욕 산책로. 왕죽을 비롯한 여러 종류의 대나무에서 청량한 대숲 바람이 인다. 산책로에 들어서면 댓잎 향이 촉촉이 젖은 흙냄새와 어우러져 온몸에 맑고 시원하게 스며든다.

예로부터 선승이 수도하는 도량 주변에는 대숲이 많았다. 겨울철의 외풍을 막을 수 있고 대나무의 맑은 정신도 본받고자 했을 것이다. 하지만 무엇보다 대숲이 사랑받는 이유는 바람 소리 때문이다. 바람이 불 때마다 '사악사악' 댓잎이 부딪치는 소리에 조용히 눈을 감고 귀를 기울이면 그 소리에 자기도 모르게 빠져들어 온갖 망상과 번뇌를 잊을 수 있다고 하니, 대숲이야말로 오욕칠정의 인간과 이웃해야 할 소중한 마음의 벗이 아닐는지.

울창한 대숲에 압도당하면서도 그 고결한 분위기에 동화되려고 천천히 비탈길을 오른다. 산 중턱에는 잘 가꾸어진 넓은 잔디 광장을 사이에 두고 왼쪽에는 아담한 찻집이 있고, 오른쪽에는 대나무를 잘라 만든 평상 두 개가 가지런히 놓여 있다. 나는 평상에 올라 마치 좌선하는 도인처럼 가부좌하고 허리를 곧게 편 채 명상에 잠긴다.

바람 한 점 없는 고요 속으로 빠져들어 간다. 물소리, 새소리도 들리지 않는다. 대나무 잎이 부딪치는 소리도 없다. 어느덧 무념무상의 세계로 빠져드는 기분이다. 누더기 걸치고 죽장망혜에 죽립을 눌러쓰고 한적한 산길을 거니는 도인 같은 풍모의 나를 상상해 본다. 그러나 그것도 잠시일 뿐 현실에서 한 발자국도 떠나지 못하는 자신을 발견하며 다시 대숲으로 눈길을 돌린다.

굵게 자란 왕대밭이 눈앞에 가득하다. 새로 돋는 죽순

마저도 왕대로 태어나는 곳. 그래서 왕대밭에 왕대 나고 졸대밭에 졸대 난다고 했던가. 부피 자람은 하지 않고 길이 자람만 하는 대나무의 속성. 일행 중 누군가 대나무는 봉건사회의 엄격한 신분제도와 다를 바 없다며 만인 평등에 어긋나는 비민주적인 나무라고 말한다. 모든 인간이 평등하게 태어난다는 말은 잘못된 말인가? 그러나 겉보기에는 초라한 졸대의 모습을 상상하며, 선비는 얼어 죽어도 곁불은 쬐지 않는다는 꼬장꼬장한 자존심을 무엇보다 소중하게 여겼던 옛날 베잠방이 선비들을 떠올려 본다.

　대나무는 순수 혈통을 중시하는 고귀한 정신을 가졌다. 다른 나무들처럼 무더기로 꽃을 피우고 씨받이를 하여 종족을 번식시키려는 과욕을 부리지 않는다. 뿌리로만 번식하고 자신의 형편에 맞게 수를 늘린다. 땅 기운이 충분하지 않으면 죽순이 태어나지 못할 뿐만 아니라, 만약 지나치게 많이 번식하여 지력이 다하면 그 대밭의 대나무들은 모두 죽어 버린다. 이처럼 평생 꽃을 피울 줄 모르고 살던 대나무는 생의 종말에 가서야 오직 한 번 꽃을 피우고 말라 죽는다. 결실의 기약도 없이 혼신의 힘을 다하여 꽃을 피우는 대나무의 삶은 비장감마저 든다.

　대나무는 왜 속이 텅 비어 있을까? 나는 그 빈속을 좋아한다. 내가 누군가의 마음을 받아 주려면 내 마음은 비어 있어야 한다. 내 마음이 욕망으로 가득 차고서는 다른 사람의 진실한 마음도 사랑도 담을 자리가 없다. 오늘날 사회에서 속 빈 사람이라고 하면 모욕적일 수 있지만, 나는 더러 속 빈 사람이 되고 싶다. 대나무의 빈속과 곧고 단단한 줄기는 가진 것 없지만 굽힘이 없고 남을 원망하지 않는 선비적 표상이다. 또한, 그 빈속은 무한한 포용력을 갖춘 여유의 공간이지만, 함부로 불의와 부정이 범접하지 못하는 기개와 절조의 고결한 공간이다. 그래서 예로부터 대나무를 군자의 나무로 칭송하지 않았던가.

굵고 싱싱하게 하늘로 치솟고 있는 혈기왕성한 왕대밭 죽순의 모습이 선명하게 내 눈에 들어온다. 껍질을 뒤집어쓰고 나온 죽순은 자라면서 허물을 벗기 시작한다. 한참 바라보고 있는데 껍질 하나가 땅으로 툭 떨어진다. 허물 한 겹 벗어 던지니 매끈하고 잘생긴 줄기가 나타난다. 대나무나 사람이나 허물을 벗어야 본질이 드러나고 새로운 모습으로 발돋움하는 모양이다.

저 죽순은 한 겹씩 껍질을 벗어던지면서 제 본래의 모습을 부끄럼 없이 드러내고, 마디마디를 길게 늘이면서 여유롭게 속을 비워가고 있는데, 내 삶은 너무나 많은 것으로 채워져 있는 것은 아닐까? 모태의 첫 허물을 벗을 때의 순수를 그리워하면서 현재의 모습을 반추해 본다. 내 나이테에 비례하여 자꾸 늘어만 가는 부끄러운 나의 껍질들. 저 죽순은 벌써 허물을 다 벗어 가는데…….
나는 그만 조용히 눈을 감는다.

꽃은 피고 지고

 온 산에는 솎아베기 작업으로 마른 나뭇가지들이 지천으로 널브러져 있다. 나뭇가지가 쌓인 좁은 틈바구니에서 겨우 땅바닥에 붙어 피어 있는 깽깽이풀꽃 한 송이를 보고 발걸음을 멈췄다.
 잎도 없이 오로지 한 오라기 실 같은 줄기 끝에 꽃잎이 피었다. 꽃잎을 지탱하고 있는 연약한 줄기는 광대의 몸을 실은 외줄처럼 여간 힘겨워 보이지 않는다. 겨우내 숨죽이며 버텨온 생명줄이 거룩하기까지 하다. 저 꽃은 아름다움 이전에 외로움이고, 한 생명체 이전에 비장함이다. 어디선가 이름 모를 새 한 마리가 운다. 그러자 외톨이로 피어난 한 송이 청보랏빛 꽃이 오롯이 떨고 있다.
 올해는 유난히 꽃을 찾아 떠난 날들이 많았다. 이 몇 해

동안에는 일부러 꽃을 찾아 나서곤 했다. 이 산 저 산에서 진달래꽃과 함께 노닐고, 보문호수의 벚꽃을 벗하여 즐기고, 지리산 자락 섬진강변을 따라 매화 향기에 취하다 돌아왔다. 취기가 채 가시기도 전에 지난 주말에는 비가 내리는데도 또다시 길을 나섰다. 섬진강변을 돌아 춘향의 고을까지 찾아가면서 마지막 남은 매화 향기에 젖고 벚꽃의 화려한 자태를 보고 싶어서였다. 그러나 화무십일홍이라던가, 매화와 벚꽃은 자취를 감추고 길을 따라 이어지는 들판에 하얀 배꽃들이 시야에 가득히 들어왔다.

흔히 젊음은 그 자체가 꽃이라고 한다. 이제 나는 꽃이 아니다. 그래서 자꾸 꽃을 찾아 나서는 걸까? 아마 젊은 시절에는 꽃보다 사람을 찾는 일이 더 즐겁고 행복했을 것이다.

여기저기 피어 있는 진달래꽃은 무리를 이루어 자랑스럽게 산 고갯마루까지 머리를 우뚝 내밀고 화려한 자태를 뽐내건만, 이 깽깽이풀꽃은 연약한 모습으로 외따로 떨어진 채 땅바닥에 납작 엎디어 있다. 차마 손가락 하나도 가까이 대어 볼 수 없고, 다가가 숨을 가삐 몰아쉴 수도 없다. 눈을 크게 뜨고 바라보기도 안쓰럽다.

갑자기 이 세상의 모든 생명체는 외로운 존재일는지 모른다는 생각이 든다. 생명이 있기에 그것을 잃지 않을까 불안해하고 조심스럽지 않은가. 존재는 생성의 사명을 가지면서 소멸의 아픔을 외면할 수 없다.

외딴 산속에서 외롭게 피어난 저 꽃을 보며 연민할 자격이 나에게 있는 것일까? 깊은 산 외딴곳에 홀로 핀 꽃이지만, 그래도 이 꽃엔 바라볼 수 있는 다른 꽃들이 있고, 거친 비바람을 막아주는 숲이 있고, 가까이 찾아주는 따뜻한 볕과 밝은 빛이 있고, 가끔 들려오는 새들의 노랫소리도 있다. 거기다가 꿀샘이 있어 개미 같은 곤충들이 씨앗을 널리 퍼트리게 하는 오묘한 생명력을 갖고 있지 않은가.

모든 살아 있는 존재는 제 나름으로 생존 방법을 터득해 고귀한 생명력을 키워나간다. 갑자기 긴장과 엄숙함이 밀려든다. 꽃이 피고 지듯이 모든 생명체는 생성과 소멸의 이치에서 예외일 수 없다. 죽음에서 생성은 시작되고 생성에서 또 소멸은 시작된다.

나는 다시 산길을 오른다. 한 발 한 발 내딛는 발걸음이 한층 더 조심스럽다.

존재와 행복

나는 어떤 존재일까?

우리는 너무나 쉽게 사람을 평가한다. 문제는 평가 결과에 대해 많은 사람은 그것을 믿으려 하고, 정작 자신도 그것이 전부인 것처럼 생각한다는 데에 있다.

평판은 얼마나 객관적이고 정확할까? 평판은 엄밀히 말하면 실체가 없다. 그런데도 사람들은 좋은 인상 하나를 얻기 위해 심혈을 기울이며 개인적 행복을 포기하기도 한다. 새도 구경꾼이 없으면 먹이를 물고 와 배회하며 새끼에게 주지 않는다고 한다. 대부분 사람은 다른 사람들이 자신을 어떻게 평가하고 있을까에 신경을 곤두세우며 살아가고, 좋은 위치를 유지하거나 더 나은 방향으로 나아가려고 부단히 애를 쓴다. 이렇게 살아가며 한순간도 힘든 노력을 멈출 수 없다는 것에 삶의 고뇌가 따른다. 누구든 자신의 가치를 지나치게 우월하게 생각하는 것도 문제지만, 너무 비하하거나 저평가할 필요는 더욱 없지 않을까?

나는 스스로 평판을 만들어 나가는 사람일까? 다른 사람의 평판에 휘둘리는 사람일까? 내 인생은 나의 것이고 나의 주인은 오로지 나 자신이라면, 내 삶에 관한 책임도 결과도 내가 짊어져야 할 몫이다.

일찍이 아리스토텔레스 철인은 인간의 모든 활동은 궁극적으로 행복을 목적으로 한다고 했다. 인생의 목표가 행복한 삶이라고 한다면, 그 행복의 기준은 자신이 결정할 일이다. 타인이나 사회의 관습에 얽매어 자신의 행복을 팽개치고 생명의 존엄성마저 망각할 필요가 있을까?

노자 『도덕경』에 '불상현不尙賢'이란 말이 있다. 현賢을 숭상하지 말라는 말이니, 부족하고 못난 현재의 자신보다 더 나은 것만을 지나치게 추구하지 말라는 뜻이다. 늘 자신의 부족함을 괴로워하면서 완전함을 추구하거나 지금 상태를 부정하며 더 나은 미래만을 꿈꾸고자 하는 형태에서 헤어나지 못하는 한, 결코 자신만의 완성과 영혼의 해방은 이루지 못할 것이다. 자신의 인생을 나 밖의 세계에만 맞추다 보면 자신의 행복은 요원하거나 불가능할 수도 있다.

나 또한 부족함이 많은 사람이다. 이 부족함이 나를 억압하고 있다는 마음의 굴레에서 벗어나지 못하면 내 영혼의 쉼과 평화는 찾아오지 않을 것이다. 있는 그대로의 나를 인정하고 받아들이게 되었을 때, 비로소 내 삶은 평안과 자유를 누리게 되지 않을까 싶다.

자신에 대한 평판이 어떠하든, 지금 이대로도 충분히 삶의 가치가 있고, 행복할 수 있다는 진리를 우리 학생들에게도 느끼게 해 줄 수는 정녕 없을까? 언젠가 내가 가르치는 학생들에게 "너의 가치는 돈으로 바꾸면 얼마나 될까?"라고 물어보았다. 참으로 엉뚱하고 어리석은 질문을 했으니, 다양하고 허황한 대답이 나올 수밖에 없었다. 문제는 대부분 학생이 자신의 가치를 지나치게 낮게 평가하고 있다는 사실이었다.

나는 힘주어 다시 말했다. "너는 수천억 원 이상의 가치를 지녔다."라고. 학생들은 의아해하며 놀라는 표정이었다. 만약에, 고희를 훨씬 넘긴 재벌 회장이 지금 너에게 와서 내 전 재산을 모두 줄 테니 너와 나의 인생을 바꾸자고 한다면, 너는 어떻게 할 것인가 물어보았다. 성큼 바꾸겠다고 소리치는 학생도 더러 있었다. 돈을 마음껏 쓰며 살고 싶다는 게 그 이유였다. 아무리 물질 만능 시대라고 하지만, 아직 젊은 학생들의 그런 반응은 나를 놀라게 했다. 바뀐 인생으로 앞으로 몇 년 동안 무엇을 하며 살 것이냐고 되물으니 선뜻 대답이 없었다. '몇 년 동안'이란 말을 몇 번 강조하고서야 비로소 많은 학생의 태도가 달라졌다.

이 이야기는 나의 제자들에게 생명의 존엄성과 젊음의 가치는 무한하다는 점을 강조하기 위해 해 본 말일 뿐이다. 이런 생각을 하게 된 것은 요즘 학생들의 슬픈 소식을 매스컴을 통해 자주 듣게 되었기 때문이다. 청소년 중에는 학교 성적에 대한 부담감이나 힘든 친구 관계를 견디지 못하여 삶을 포기하는 충격적인 사건이 적지 않다.

 물질적 풍요가 행복의 바탕이라고 생각하고, 그것을 누리기 위해서는 치열하게 순위 경쟁을 해야 하는 것이 우리의 현실이다. 학교에서 인성교육이 뒷자리로 밀려나게 된 지도 오래되었다. 새싹 시절부터 성적에 대한 압박감은 과도한 스트레스를 받게 하고 교우 관계마저도 무너뜨리고 있다.

 학교도 공부도 행복하게 잘살고자 하는 준비 과정이다. 죽을 만큼 고통 받고 있는 이 시대의 젊은이들이 완전함과 미래만을 최고의 목표로 삼는 삶에서 벗어나, 지금 이대로도 행복한 사람으로서 잘살아갈 수 있는 그런 삶은 꿈의 영역일까? 젊음의 가치는 백 층 빌딩보다 높고 태평양 바다보다도 넓다는 사실을 이 땅의 아이들이 얼마나 알고 있을까?

반환점

　인생은 예행연습이 없는 마라톤이라고 했다. 한 발자국도 다른 사람이 대신 뛰어 줄 수 없는 것이 마라톤인 것처럼 누구도 대신 살아 줄 수 없는 것이 인생이다. 삶의 무게가 가볍든 무겁든 자기 힘으로 짊어지고 가야만 한다. 내 인생은 나의 것이기 때문이다.

　'내 인생은 나의 것.' 쉽고도 어려운 말이지만, 이만큼 어깨를 짓누르는 무거운 말이 또 있을까 싶다. 이것은 어린 시절부터 절절히 내 가슴에 새겨두고 곱씹어야 했던 두려움을 담은 화두였다. 나를 이끌어 줄 사람이 별로 없는 청소년기를 보내야 했기 때문이다. 모든 일을 스스로 해결해야 했던 나는 항상 장래가 걱정되지 않을 수 없었다. 간혹 암담한 미래가 어둠처럼 밀려드는 상상은 한없는 고통이요 외로움이었다.

나는 오래전부터 마라톤 동호회에서 취미활동을 하고 있다. 고성, 진주, 경주 등 여러 대회에 참가해 보았으나 달릴 때마다 힘들기는 마찬가지였다. 남들과는 달리 달릴 때마다 기록이 늦어지는 희한한 기록도 갖고 있다. 그것은 나이가 들어가는 탓도 있겠으나 더 빨리 나아가려는 자신을 제어하는 내 마음의 속도계가 움직이고 있기 때문이다.

마라톤은 수행자의 고행과도 다를 바 없다. 언제나 처음 출발할 때에는 몸도 마음도 가벼우나, 가다 보면 힘겨운 오르막도 있고 눈보라가 몰려올 때도 있다. 시간이 지나고 반환점을 돌고 나면 점차 숨은 가빠오고 다리에 힘이 풀리기 시작한다. 때로는 다리가 나무토막처럼 뻣뻣해지고 심장이 터질 것 같은 고통도 따르지만, 그렇다고 그 자리에 멈출 수도 없고 남의 어깨에 기댈 수도 없다. 그래서 이것은 고행苦行이면서 또 다른 고행孤行이다.

고행을 통한 구도의 과정은 고통스럽지만 아름다우며 삶의 숭고한 본질에 관한 해답을 얻을 수도 있다. 영화 〈만다라〉에 나오는 두 스님이 북풍한설이 몰아치는 눈길을 걸으며 해탈을 추구하듯이 마라톤도 삶에 대한 진지한 물음의 답을 구하는 수행 과정이다.

반환점. 인생이든 마라톤이든 반환점 이후가 중요하다. 힘든 만큼 두려움이 시작되는 시점이다. 어느덧 내 인생도 반환점을 지났다. 지금까지 내가 달려온 길은 대체로 평범했다고 생각하며 살아가고 있다. 전혀 오르막이 없었던 건 아니나 주저앉을 정도로 힘든 길은 아니었고, 비바람이 몰려오기도 했으나 흙탕물에 휩쓸려 허우적거리지는 않았다. 인생을 고해苦海라고 치고 보면 그 정도야 평탄한 길이 아니었던가 싶다.

나이가 들수록 미래가 두려워지는 것은 인지상정이다. 용기는 갈수록 줄어드는데 디디고 건너가야 할 미지의 세계가 피할 수 없는 외나무다리처럼 놓여 있기 때문이다. 어떤 형태이든 지난 일들은 만용蠻勇으로라도 잊고 살 수 있으나 앞길은 내가 감당해야 할 몫이다. 끝마무리를 잘해야 한다고 생각하지만, 쉽지 않은 것이 인생이다.

우리 집 거실 뒷면에는 가로 2m나 되는 대형 액자가 걸려 있다. 결혼 초기에 지인知人으로부터 받은 선물로서 '行百里者半於九十 행백리자 반어구십'이라는 서예 작품이다. 백 리를 가는 사람은 구십 리가 반이라는 의미로, 시작은 쉽지만, 그것을 완성하기는 어렵다는 말이다. 예사로 봐왔던 것인데 언제부터인가 눈길 따라 마음도 함께하기 시작하였다. 나에게 유종의 미를 일깨워 주는 스승이 되어 있는 셈이다.

달리다 보면 마지막 남은 짧은 시간이 얼마나 힘겨운지를 통감할 때가 많다. 그 자리에 그만 주저앉고 싶은 마음도 더러 생겨나지만, 달려온 시간이 아깝고 소중하기도 하려니와 쉽사리 포기해서는 안 되는 것이 고귀한 인생임을 알기에 그렇게 할 수는 없는 일이다.

지난 일요일, 대구마라톤 대회에 참가했다. 초읽기의 출발 신호와 함께 모두 신나게 달렸다. 나는 무리 속에 휩쓸려 달리면서 애초부터 기록에 대한 욕심은 버리기로 했다. 끝까지 완주할 수만 있다면 만족하다고 생각했다.

반환점을 돌아 결승점을 향해 달려가고 있다. 시간이 흐르면서 저절로 깨닫게 된 것 중의 하나가 인생은 단거리 경주가 아니라 마라톤이라는 사실이다. 이젠 망망대해를 향해 유유히 흘러가는 강물처럼 마냥 조심스럽게 달려가고 싶을 뿐이다. 반환점이 등 뒤에서 점점 멀어지고 있으니 어떤 길이 내 앞에 펼쳐지든 그 길 따라 흘러가야 하리라. 그것이 인생이니까.

담장 허물기

죽로다연竹爐茶煙, 사람들이 많이 다니는 길목도 아닌 주택가 뒷길에 있는 차茶 용품 전문점이다. 지난해 개업할 즈음에 들어가 본 이후, 가끔 들러 찻그릇을 둘러보기도 하고 차를 마시기도 한다.

현실의 아픔과 지조의 선비정신을 「세한도」에 담았던 서성書聖 추사 선생과 깊은 산속에서 맑은 바람처럼 살았던 다성茶聖 초의선사의 만남. 두 사람은 대나무같이 굳센 절의의 삶으로도 부족하여, 그 대나무를 태우는 죽로의 끓는 물로 한 잔의 차를 마셨다는 사실을, 이 집주인은 알고 있었으리라. 나는 여기서 차를 마시면서 두 성인과 더불어 잠시나마 다선삼매茶禪三昧에 심취하고 싶은 가당찮은 꿈을 더러 꾸어 보기도 한다.

내가 이 집을 좋아하게 된 데에는 또 다른 이유가 있다. 지나는 길손의 관심을 끌 만한 미적 감각의 아름다운 간판과 깊은 의미를 담고 있는 상호의 매력도 크지만, 도심 주택가에서는 보기 드물게 대문과 담장을 허물고, 그곳에다 잘 가꾸어 놓은 아담한 정원이 마치 시골 전원주택 같은 분위기가 나기 때문이다.

정원에 있는 석류나무에는 한창 익어가는 열매가 푸른 잎들 속에서 수줍은 듯 불그스레한 얼굴빛을 띤 채 보일 듯 말 듯 탐스러운 자태를 드러내고, 그 곁에는 자홍색으로 온몸을 치장한 배롱나무가 양편에 세워진 야외 등과 조화를 이루어 한층 운치를 더하고 있다.

정원을 지나 출입문까지에는 두툼한 나무로 계단을 만들고, 그 양쪽 옆에는 균형과 조화를 이룬 여러 종류의 분재와 이름 모를 들꽃들이 방문객을 소박한 웃음으로 맞이한다. 건물 외벽을 검은 송판으로 마감한 1층 가게와는 달리, 흰색 벽돌로 꾸며진 2층의 처마에서 간간이 들려오는 풍경소리가 「동다송東茶頌」을 읊고 있는 듯하다.

이 앞을 지나다 보면 누구나 한 번쯤 들어가 보고 싶은 집이다. 정원의 둘레에는 자연석을 배치하여 누구든 잠시 쉬어갈 수 있는 쉼터를 제공하고 있다. 이 정원은 분명히 사유공간이지만, 여러 사람이 함께 즐기고 사용할 수 있는 공유공간으로 변화되어 있다. 이렇게 담장을 허물 줄 아는,

열린 마음을 지닌 주인은 지나는 길손을 붙잡는 따뜻한 향기까지도 지니고 있어 언제나 색다른 차로써 방문객을 맞이한다.

나는 20여 년 전부터 이 집을 보아왔다. 학교에서 내려다보면 주변에서는 보기 드물게 예쁘고 고급스러운 주택이었다. 그때에는 붉은 벽돌의 2층 양옥이었는데, 유달리 담장이 높고 철문이 굳게 닫혀 있었으며, 사람들이 드나들거나 움직이는 광경을 별로 볼 수 없었다. 그래서 겉보기에 싸늘함이 감도는 집으로 느껴졌다. 그런 집이 지난해 주인이 바뀌고, 대문과 담장이 헐리면서 정감 있는 집으로 변한 것이다.

어릴 적 고향 마을에는 담장이나 대문이 없는 집이 상당히 많았다. 담장이 있어도 집과 집 사이의 표시일 뿐, 불신과 단절의 경계는 아니었다. 개방적인 울타리일 따름이고, 높이도 어린아이의 키 높이 정도였다.

낮은 담장을 사이에 두고 시골 아낙네들의 정겨운 대화가 오가고, 죽 한 그릇, 떡 한 접시도 인심 좋게 넘나들었다. 어디 그뿐이랴. 이웃 처녀, 총각이 몰래 훔쳐보며 설레는 마음으로 사랑을 싹틔우고, 담장 구멍으로 연서를 주고받던 사랑의 가교였다. 그래서 그 담장은 있어도 없는 것과 다를 바 없는 열린 담장인 셈이었다. 좋은 일이든 궂은일이든 마을의 소식은 담장을 타고 인터넷 공간에서 정보가 퍼지듯 온 마을로 전해졌다. 마을은 희로애락을 같이하며 살아가는 공동체 사회였다.

요즘의 도시는 삭막하기 짝이 없다. 담장은 높고 흉측한 철조망이 집 전체를 휘감고 있으며, 온갖 최첨단 자물쇠로 문짝을 잠그고도 불안하여 호랑이만 한 개를 몇 마리씩 키우는, 그런 집도 허다하다. 세상인심이 하도 사납다 보니, 자기 가족과 재산을 보호하고자 하는 것을 탓하거나 이해하지 못할 사람은 없다. 그러나 세상에는 다양한 계층의 사람들이 살아가고 있으니, 그러한 담장 밖을 지나다니는 사람들의 처지에서 보면, 그들로부터 괜히 불신당하는 것 같아 언짢은 기분을 느낄 수도 있지 않을까 싶다. 이렇게 서로 믿지 못하고 경계하며 살아야만 하는 오늘날 우리 사회가 안타까울 따름이다.

대구에서는 몇 년 전부터 담장 허물기 사업을 벌이고 있다. 인간을 먼저 생각할 줄 아는 가치관과 사람에 대한 신뢰와 이웃을 사랑하는 마음의 문을 열지 않고서는 실천할 수 없는 고귀한 일이다. 이 사업이 모범이 되어 전국적으로 퍼지고 있다니 여간 반가운 일이 아닐 수 없다.

가까운 곳에 있는 구청이나 방송국, 대학병원까지 시원스럽게 담장을 허물어 버렸다. 닫힌 공간을 열린 공간으로 바꾼 셈이다. 권위 의식을 버리고 지역 주민과의 공동체 의식을 키울 수 있을 것 같아서 그 앞을 지날 때마다 기분이 좋다. 괜스레 한 번 들어가 보고 싶어지고, 나무 밑 벤치에 앉아 잠시라도 쉬고 싶은 충동을 느끼곤 한다.

개인이든 집단이든 서로 불신하며 마음의 문을 닫고서는 어떤 일도 제대로 풀 수 없다. 마음의 문을 여는 손잡이는 안쪽에만 달려 있다. 마음을 닫는 것도 여는 것도 개인의 몫이다. 내 마음을 닫은 채 다른 사람의 마음을 열 수는 없는 법이다.

나의 마음은 얼마나 열려 있을까? 내 마음의 늪에는 원망과 미움을 얼마나 담고 있을까? 사랑의 손잡이로 마음을 연다면 미움과 원망도 이해와 관용으로 승화될 수 있을 것 같은데, 세월이 흐를수록 부끄러운 일들은 성벽처럼 쌓여만 가고, 감출 것만 많아지는 내 마음은 성문처럼 굳게 닫혀 있는 것은 아닐는지. 높은 담장과 철문으로 굳게 닫혔던 집이 담장을 허물고 '죽로다연'으로 변하듯이, 내 마음의 담장도 그렇게 허물어 버릴 수는 진정 없을까?

나의 꽃 나의 향기

 하루가 끝날 무렵이다. 운동장 건너편의 산 그림자가 서서히 밀려오고 있다. 서쪽 하늘에 걸려 있는 해가 오늘따라 왠지 소중하게 느껴진다.
 나도 모르게 창문을 열어젖혔다. 남풍을 타고 갑자기 밀려드는 향긋한 아까시 꽃향기. 혼자 느끼기엔 아까운 생각이 들어 교실 창문을 모두 열어 보라고 했으나 학생들은 반응이 없다. 무슨 냄새가 나지 않느냐고 했더니 옆 친구가 방귀를 뀌었다는 둥 서로 쳐다보고 낄낄대기만 할 뿐이다.
 계절의 변화나 꽃향기도 잊은 채 살아가는 학생들을 보니 안타깝기만 하다. 며칠 후 시작되는 중간고사 준비에 혼이 빠져 있으니, 언제 이 학생들이 꽃향기에 심취할 겨를이나 있겠는가.

나의 학창 시절도 마찬가지였던 것 같다. 고향 집 뒤편에는 나지막한 언덕이 담장처럼 둘러 있는데, 그 언덕배기에는 아까시가 빽빽하게 서 있었다. 이때쯤 내 방의 뒷문을 열면 아까시 꽃이 활짝 피어, 마치 흰 눈이 덮인 듯했고 꽃향기도 대단했다. 또한, 고향 마을에는 유달리 과수원이 많았다. 봄이 되면 이집 저집 뒤뜰에는 살구꽃이 꽃구름 되어 지붕을 덮었고, 복숭아꽃이 눈부시도록 피어 마을 전체가 연분홍빛으로 물들었다.

그러나 나는 그 꽃에서 아무런 감동을 하지 못했다. 중고등학교를 고향에서 다녀야 했던 관계로 늘 장래 문제에 대해 걱정하면서 불안한 나날을 보냈기 때문이다. 어려운 형편에 대학 진학은 가능할지, 공무원 시험 준비를 해야 할지, 그 진로 선택도 나에게는 큰 고민거리였다. 무엇보다 열악한 학습 환경에서 공부를 제대로 할 수 없는 것이 큰 걱정이었다. 이런 가운데 나름대로 열심히 공부하면서 논밭에 나가 일손을 거들고 소 먹이고 쇠꼴을 베다 보면 힘겨운 하루가 지나갔다. 계절마다 아무리 아름다운 풍경이 펼쳐질지라도 그것을 완상할 만한 여유가 없었다.

어머니는 유난히 꽃을 좋아하셨다. 들일을 하고 집에 돌아올 때는 으레 들꽃이나 참꽃 다발이나 복숭아꽃 가지를 꺾어 왔다. 예쁜 화병 대신 한 되짜리 큰 소주병이나, 꽃이 많으면 몸통이 둥글고 투박한 항아리에 꽂아 두었다.

나는 번번이 그 꽃의 아름다움에 젖어 들지 못했고, 어머니의 마음도 전혀 헤아리지 못했다. 시골 분위기에 맞지도 않을뿐더러 바쁘고 힘든 생활에서 언제 꽃을 꽂아놓을 여유가 있는지 의아하기조차 했다.

아버지가 전쟁과 이데올로기의 혼란 속에서 일찍 타계하고 난 뒤, 어머니는 시부모를 모시고 남매를 키우면서 농사일과 집안일로 무척 힘들게 살았다. 그런 중에도 그렇게 꽃을 좋아한 어머니의 마음은 어쩌면 고독과 고난의 질곡에서 잠시나마 벗어나고자 한 당신의 삶과 무관하지 않았으리라는 것을 깨닫게 된 것은 그리 오래되지 않았다.

어머니가 돌아가신 지도 벌써 몇 년이 지났다. 내가 결혼한 이후에는 힘든 농사일을 그만두고 대구에서 우리와 함께 살았다. 며느리까지 직장에 나가다 보니 어린 손자들 돌보고 집안 살림까지 도맡아 하면서 바쁘게 살았지만, 어머니는 매우 만족하면서 행복해하는 모습이었다. 당신의 피붙이들을 그 옛날 꽃만큼이나 사랑했다. 그런데 이상하게도 한결 풍족한 도시 생활을 할 때는 일부러 꽃을 사다가 집에 장식하는 일이 별로 없었다.

어머니가 돌아가시고 나서 나는 어머니에 대한 그리움과 추억의 시간을 문득문득 가지게 되면서, 비로소 어머니와 꽃의 의미를 조금은 헤아릴 수가 있었다. 인간을 보듬고 있는 자연은 행복한 사람에게는 기쁨을 더해 주고 고독한 사람에게는 위안이 되어 주지만, 바쁘고 고달픈 사람들에게는 그 꽃도 아무런 의미가 되지 못하는 것 같았다.

점심을 먹고 난 뒤, 운동장 건너편에 있는 동산으로 향했다. 온 산이 아까시 꽃으로 가득했다. 먹을거리가 풍족하지 못했던 어릴 적에는 입에 따다 넣던 그 꽃이다. 이제는 바라보기만 하여도 배부른 꽃이 되었다. 그저 진한 꽃향기에 취하고 싶었다.

관심이 없으면 봐도 보이지 않고 들어도 들리지 않는다고 했던가. 내가 근무해 온 이십여 년 동안 해마다 아까시 꽃은 아름답게 피고 꽃향기가 진동했을 것이다. 그런데 오늘에야 비로소 나의 꽃이 되고 나의 향기가 되었다. 지금까지 무엇이 나에게 자연의 아름다움과 향기마저도 잊고 살게 하였을까? 저 교실에 있는 학생들은 언제 이 아름다운 꽃향기에 흠뻑 취할 수 있을는지?

오늘도 아까시는 저 혼자서 앞산을 하얗게 물들이고 있다.

빵 한 조각

빵 한 조각
그 여자의 사랑
황금반지
죽음 체험
술 취한 사회
위험한 남자
그래도 이 세상이 낫다
목소리

빵 한 조각

 귀한 손님이 찾아왔다. 30여 년 전의 제자이니, 벌써 나이가 50대에 접어들었다. 졸업 후, 반창회 모임에서 몇 번 초대받아 만난 적이 있으나, 오늘처럼 갑작스러운 연락을 받으니 놀랍고 반갑기 그지없다.
 김 군은 오래전에 3학년 담임을 맡았을 때의 제자이다. 고향인 경북에 있는 시골 중학교를 마치고 내가 근무하는 학교에 입학한 학생이었다. 3월 초에 가정방문을 가보니, 단칸 셋방에서 연세가 많고 건강이 덜 좋으신 할머니와 함께 생활하고 있었다. 셋방은 임시 처마를 달아낸 구석진 뒷방이어서 환경이 매우 열악하였다.
 김 군은 얌전하고 공부도 잘하는 편이었다. 그때 고3 학생은 아침 7시에 등교하여 밤 10시에 귀가하였다. 점심과 저녁 도시락을 두 개 싸 와야 했다. 일부 학모들은 저녁 시간이 되면 따뜻한 도시락을 들고 학교 교문 주위에서 기다리곤 하였으나, 김 군 같은 경우는 싸늘하게 식은 도시락이나 매점에서 빵 한두 개로 저녁을 때우는 경우도 흔했다. 힘든 공부를 하면서도 영양 공급이 부실하여 달이 갈수록 얼굴이 수척해지는 모습이었고, 곁에서 바라보기에도 무척 안쓰러웠다.

밤늦게까지 근무하는 담임교사들도 짜장면이나 우동 한 그릇으로 저녁을 때우는 경우가 허다하였다. 젊은 교사 시절, 10년 중 9년 동안을 3학년 담임을 맡아 학생들과 동고동락하던 시절도 있었다. 힘든 생활이었으나 이제 와 생각하면 그때가 그립기까지 하다.

김 군에게 갑자기 어떻게 연락을 하게 되었느냐고 전화에서 물었지만, 그 말에는 반가움이 가득 담겨 있었다. 김 군은 어버이날을 즈음하여 주말에 고향에 부모님을 찾아뵈러 갔다고 했다. 부모님이 직접 생산한 탐스럽고 맛 좋은 참외를 먹으며, '스승의 날과 관련된 특집 방송을 보게 되었다는 것이다. 방송 내용은 교권 침해 건수가 해마다 느는 추세라는 것과 최근 청와대에 '스승의 날 폐지'를 희망하는 교사들의 청원이 무더기로 올라왔다는 보도였다.

김 군은 이것을 보면서 문득 내가 생각나더라고 했다. 그래서 부모님께서 키운 참외 한 상자를 차에 싣고 나를 찾아온 것이다. 눈물 나도록 고마운 옛 제자의 정에 무척 감동했다. '선생은 제자에게 영원한 영향력을 안겨주는 사람'이라고 하였는데, 나는 얼마나 그렇게 하였던가?

집에 들어가자고 했으나 기어코 사양하였다. 이렇게 오랜만에 찾아뵙게 되어 죄송하다고 고개를 숙이며 작별 인사를 하였다. 나는 도저히 그냥 보낼 수가 없었다. 점심때도 지나고 저녁때도 아닌 어중간한 시간이었지만, 함께 가까운 식당에 들어갔다.

김 군은 대학을 졸업하고 공기업에 취업하였고, 이제 임원이 되었다고 했다. 우리는 식사를 하면서 자연스럽게 옛 추억을 더듬어 나갔다. 3학년 때, 여러 가지 추억 중에서 아픈 기억 하나가 남아 있다고 하면서, 우리 반 단합 등산 이야기를 하였다. 내 기억으로는 다 같이 한나절 등산하면서 서로 정을 나누는 단합대회였던 것으로 생각하였는데, 함께하지 못한 김 군의 그때 마음은 큰 아픔이었다고 말했다.

우리 반은 3월 새 학년이 되고 얼마 후 일요일 날, 나의 제안으로 학급 단합 등산을 하였다. 특별한 사정이 없는 학생은 대부분 참여하여 앞산에 올랐다. 각자 준비한 도시락을 먹고 즐겁게 장기자랑도 하면서, 각자 한 해 동안의 대학입시 준비에 최선을 다할 것을 다짐하는 각오를 발표하였다. 또 모두 서로 도우며 함께 나아가자는 화합을 다짐하는 시간이었다.

그때 김 군은 주말이면 고향에 가서 부모님도 뵙고 반찬도 가져와야 해서 참석하지 못한 것이 너무나 큰 아쉬움으로 오래도록 잊히지 않더라는 것이다. 얌전하고 수줍음이 많아서 더 관심이 필요한 학생이란 점은 알고 있었지만, 시골에서 도시로 공부하러 온 학생으로서 받았던 소외감을 나는 깊이 헤아리지 못했던 같았다.

다른 하나는 오래전 졸업 후 반창회 때에도 들었던 말이지만, 또 그 이야기를 하며 눈물을 보였고, 나도 함께 눈시울을 붉혔다. 그해 겨울, 입시 준비에 막바지 힘을 기울이고 있을 어느 날 등교 시간이었다. 모두 새벽 일찍 등교하느라 매일 바빴다. 그날도 나는 먼저 출근하여 5층까지 뛰어 올라오는 반 학생들을 기다리며 지각생들을 독려하고 있었다. 매일 몇 명씩 지각하기 마련이었다. 새벽 7시까지 등교하려면 어둠 속에서 집을 나서야 했다. 우리 교사들은 농담으로, 그 시간에 별 보기 운동으로 출근하는 사람은 공사판의 인부들과 고3 담임뿐이라고 말하기도 했다.

그날도 지각생에게 가느다란 회초리를 들고 빨리 오라고 지도하고 있었다. 평소에 늘 일찍 오던 김 군은 그날 다른 학생들보다 한참 늦게야 홀로 헐떡거리며 뛰어 올라왔다. 나는 김 군에게 분명히 무슨 사연이 있을 것이라고 짐작하며 조용히 말했다.

"○○야, 왜 늦었어?"

"할머니가 간밤에 갑자기 편찮으셔서 일찍 일어나지 못해서 늦었습니다."

"아침은 먹었느냐?"

"아니요. 일어나자마자 급히 달려왔습니다."

그 순간 내가 자취하며 대학에 다니던 그때가 문득 떠올랐다. 밥을 제때 먹지도 못하고 끼니를 거르거나, 빵 한 조각으로 때웠던 적이 한두 번이었던가.

아직 매점에는 문을 열지 않은 이른 시간이었다. 한 시간 정도 지나고 나서 나는 매점으로 가서 빵 네 개와 우유 두 개를 사서 두 봉지에 나누어 들고 교실에 올라와서, 조용히 김 군을 불러내었다. 한 봉지는 지금 먹고 다른 봉지는 점심때 먹으라고 말하고, 할머니가 편찮으시니 정규 수업 마치고 야간 자습은 하지 말고 집에 일찍 가라고 하였다. 그리고 어깨를 감싸 안으면서, 이제 입시도 얼마 안 남았으니 조금만 더 참고 힘내어 열심히 하라고 격려하였다.

김 군은 이런 옛이야기를 평생 잊을 수 없었다고 하면서 덧붙여 말했다. 회사에 근무하면서도 힘들 때도 많았고 갈등도 있었지만, 그럴 때마다 힘들게 공부하던 고등학교 3학년 때, 내가 해준 한마디 말과 빵 봉지를 떠올리며 참고 이겨나갈 수 있었다고 하였다. 김 군과 나는 많은 이야기를 하면서 식사를 하는 둥 마는 둥 하고는 나왔다. 식당 밖에 나와서도 우리는 한참 동안 손을 꼭 잡고 서 있었다.

그 여자의 사랑

 사랑만큼 고귀한 것도 없다. 그 여자의 사랑은 흔히 우리가 생각하는 그런 사랑은 아니었다.
 먹구름이 몰려와 하늘 한 귀퉁이에 남아 있는, 푸른빛이 애처롭게만 보이던 어느 날, 28세의 처녀가 충청북도 음성 꽃동네에 찾아왔다. 그녀는 고아로서 18세가 되면서부터 보육원에서 나와 독립된 삶을 살아가야만 했다. 주위에 아무도 돌봐 줄 이 없는 세상에서 힘겹게 살아가다가 결국에는 몸을 파는 수렁으로 전락하고 말았다. 인고의 십 년 세월에 마지막으로 붙은 이름은 자궁암 말기 환자였다. 한평생 가슴 언저리에 쌓아두고 씻어내지 못한 기구한 운명을 또다시 한탄하지 않을 수 없었지만, 이젠 더는 탄식할 여력조차 남아 있지 않은 삶을 체념으로 마침표를 찍어야만 할

처지였다.

평소에 그녀가 어머니로 부른 그분은 다행히 악덕 포주는 아니었다. 그분은 죽살이 고개를 힘겹게 넘고 있는 그녀의 생명을 연장하고자 서울의 큰 병원에까지 가 보았으나 꺼져가는 생명의 불씨를 다시 지필 수는 없었다. 많은 노력을 했지만, 성과를 얻지 못한 채 마지막으로 찾아온 종착역이 이곳이었다. 평생토록 한 번도 옳게 받아보지 못한 사랑을 조금이나마 받게 하면서 마지막 생을 보듬어 주고 싶었던 것이다.

암 환자의 말기에 나타나는 통증 때문에 울부짖는 날이 계속되었다. 그러다가 어느 수녀의 감동 어린 대화와 사랑의 힘으로 그녀는 정신력으로 통증을 견뎌내게까지 되었다. 그때부터 그녀는 오로지 중환자실에서 전혀 거동하지 못하는 다른 환자들을 돌보는 것으로 밤낮을 잊고 봉사의 길을 걸었다.

그런 생활을 하던 중에 27세가 된 한 청년의 병간호를 하게 되었다. 그는 경직성 마비증 환자로서 말도 할 수 없고 몸 하나 까딱하지 못하였다. 단지 큰 소리로 우는 것과 눈꺼풀을 움직여 의사 표시를 하는 것이 고작이었다. 이런 남자 곁을 수개월 동안 온갖 정성을 다하여 헌신적으로 돌보았다. 두 사람은 서로 의지하며 함께 지내는 날이 계속되었다. 그토록 밤마다 큰 소리로 울어대어 주위 사람들의 밤

잠을 설치게 했던 그 청년도 이 처녀의 보호를 받으면서부터 더는 울지 않아서 병실이 조용해졌다.

시간이 흐르면서 두 사람은 점차 정분이 쌓여 갔다. 보통 세인의 눈으로 보면 이루어질 수 없는 사랑이고 비극적인 만남이라고 쉽게 단정해 버릴 수 있을는지 모른다. 그러나 그들의 모습이 너무나 애절하여 간단히 보아 넘길 수 없을 정도로 주위 사람들을 안타깝게 했다.

사랑의 가치나 의미를 어떻게 이해해야 할지 잘 알 수는 없으나, 이들 남녀의 정분도 사랑이라면 우리가 보통 생각하는 그런 사랑과는 분명히 다를 것만 같았다. 이들의 사랑은 이수일과 심순애의 사랑도, 시베리아로 유형流刑을 떠나는 카추샤의 뒤를 따라가는 네플류도프의 사랑도 아닐 것이다. 설렘이나 열정의 사랑뿐만 아니라 위안과 치유의 사랑도 더없는 고귀한 사랑이 아닐까 싶었다.

사랑의 힘은 육체적 통증도 잊게 하였던가? 그렇게 불편한 육체를 가진 두 사람의 몇 개월도 사랑이고 행복일 수 있다는 생각이 들었다. 그러나 그녀가 태울 수 있었던 위안의 사랑과 생명의 불꽃도 불과 8개월 정도뿐이었다. 마지막 혼불을 태우듯 그녀는 최후의 막음불질을 끝으로 이 세상을 하직하게 되었다.

자신의 모든 장기를 다른 사람들을 위해 기꺼이 기증하면서, "이런 몸도 필요한 사람이 있을까요?"라는 한마디 말이 그녀가 남긴 마지막 말이었다. 그녀가 죽던 날 밤, 아무도 청년에게 그녀가 죽었다는 말을 하지 않았지만, 청년은 하염없는 눈물만 쏟고 있었다고 한다.

사별의 순간에도 사랑의 심령心靈은 서로 통하는 것일까? 사랑의 힘은 육체적 아픔과 죽음의 고통마저도 잊게 할까? 그들의 이야기를 들으면서 그 숭고하고도 비장한 사랑의 힘 앞에 나는 그냥 침묵할 수밖에 없었다. 절망을 사랑으로 승화한 두 사람의 사랑 이야기는 이곳 꽃동네의 푸르고 아름다운 세상에서 오래도록 전해지고 있었다.

가진 것이 없고 가족의 사랑마저 외면당한 이들에 비하면, 나는 너무나 풍족한 삶을 살아가고 있다. 그러면서도 더 큰 사랑을 갈망하고 더 많은 욕심을 채우지 못해 애태우고 있지 않은가. 작은 아픔도 참지 못하고 고통스러워했던 나의 지난 삶을 생각하면 부끄러울 따름이다.

깨달음이란 선악, 상하, 그리고 행복과 불행 등 상대적 가치를 의식하지 않는 경지에 이르는 것이라고 했다. 무엇이든 극단의 상태에 이르면 상대적 가치 기준은 무시될 수도 있을 것 같았다. 극단적인 불행의 다음에는 어떤 상태가 이어지더라도 행복일 수밖에 없다는 사실을 두 사람의 삶을 보며 생각해 보았다.

극단적인 절망의 늪에서 한 오라기의 행복을 갈구했던 삶 앞에서 그들이 보여준 숭고한 사랑의 의미를 오래도록 내 가슴에 담아 두고 싶다. 살아가면서 누군가를 따뜻한 사랑으로 보듬어 줄 수 있는 마음을 담지 못한다면 어찌 인생을 고귀하다고 말할 수 있을까. 누구나 마음 깊숙한 곳에는 남에게 뿌려줄 사랑의 씨앗이 담겨 있고, 남으로부터 따뜻한 사랑을 받아야만 행복의 싹을 틔울 수 있는 씨앗도 뿌려져 있다.

  누가 말하지 않았던가. 사랑이 없는 인생이란 한 줄 외줄에 걸린 슬픈 존재라고.

황금반지

 서 돈짜리 황금 반지. 나는 무엇을 찾다가 이것을 오랜만에 다시 보면서 아내와 이 반지 이야기를 나누었다. 아내는 줄곧 직장 생활을 하며 바쁘게 살다 보니 귀금속에 관심을 둘 만큼 정신적 여유가 없었다. 세상에 어떤 여인이 자신의 몸치장에 관심을 두지 않을까 하는 생각을 하며 아내의 손을 바라보니, 희고 갸름하던 손이 많이 변해 있었다.
 '손마디가 저렇게 굵어졌으니 옛날 결혼반지가 들어가기는 할까?' 문득 이런 생각을 하며 굵고 거칠어진 손을 슬며시 잡아 보았다. 새색시 때처럼 곱고 부드러운 손은 아니지만, 손안의 그득한 느낌이 오히려 듬직해서 좋았다. 온몸과 더불어 손가락마저 통통히 살이 올랐으니, 그래도 밥은 굶지 않았나 보다 싶었다. 그만도 다행이라고 여기면서도 왠지 마음이 짠하며 지난날들이 돌아 보였다.

아내가 간직하고 있는 반지 중에 유독 눈에 들어오는 반지가 바로 이 황금 반지다. 모양도 빛깔도 화려하지 않으나 내게는 가장 잊을 수 없는, 그래서 가장 소중한 반지로 기억한다. 내가 처음 교직 생활을 시작하던 그해에 할머니께 선물한 것이다. 당신께서는 지극히 사랑하는 외동 종손宗孫을 대하듯 언제나 자랑스럽게 끼고 계셨다.

그러던 어느 날, 부엌일을 하시다가 잃어버렸는데, 아무리 찾아도 찾지 못하신 것이다. 나는 몰랐지만, 할머니의 상심은 얼마나 컸을까? 돌아가실 때까지 그 이야기를 나에게 하지 않으셨다. 당신께서는 미안한 마음에 말씀도 못 하셨을 것이다.

할머니께서 타계하신 몇 년 후, 어머니께서 밭을 매다가 우연히 흙 속에서 그 반지를 발견한 것이다. 그 순간 어머니는 어찌나 놀랍고 고마웠던지 밭이랑에 앉아서 돌아가신 할머니를 생각하며 눈물을 흘렸다고 하셨다. 그 이야기를 들었을 때 나도 눈시울을 적셨던 일이 생각난다.

옛날 할머니께 반지를 선물할 때, 내가 어머니께도 같이 해 드리려고 했으나 어머니는 기어코 사양하셨다. 나는 어머니 말씀을 곧이곧대로 듣고 할머니께만 선물하지 않았던가. 형편이 그리 넉넉하지 않았던 그 시절이었으니…….

수년 전에 집에서 잃은 반지가 어떻게 밭에서 발견되었

을까? 부엌에서 떨어진 반지는 땔감 나무에 섞여 부엌 아궁이 속으로 들어갔을 것이고, 타고 남은 재는 매일 아래채 두엄간으로 옮겨졌던 것이다. 재거름이 다시 밭에 내다 뿌려지면서 흙 속의 보물이 되어 오랫동안 묻혀 있다가 밭일을 하시던 어머니께로 돌아온 것이다. 나는 이런 신기한 사실을 알고 무척 놀랐다. 이것이 어찌 우연한 일일까!

어머니께서 이 반지를 사뭇 끼고 계시다가 훗날 반지의 특별한 사연과 함께 아내에게 물려주셨다. 이것은 단순한 물질적 대물림은 아니리라. 그것에는 할머니를 향한 나의 마음과 어머니의 효심과 할머니의 영묘靈妙한 가족 사랑이 담겨 있다. 이 사랑과 효심의 반지는 이제 삼 대를 이어 내 아내에게까지 전해진 우리 집의 가보家寶임이 분명하다.

황금은 부의 상징이나 황금반지는 사랑의 표상이다. 나는 결혼한 지 삼십여 년이 지났지만, 아내에게 변변한 반지 하나 선물하지 못했다. 많은 기념일이 있었음에도 반지 하나 선물할 생각을 못 했으니……. 요즘 금값이야 정말 금값이 되어 금반지 선물이 쉽지 않지만, 몇 해 전까지만 해도 그렇지 않았는데, 어찌 그렇게 무심했을까?

한편으로 돌이켜 보니 내 탓만도 아닌 듯하다. 이제 와서 이렇게 된 연유를 아내에게 슬쩍 돌리려는 변명까지 일어나니 더욱 가관이지만, 결혼 초기 이후에 아내가 반지를 끼고 있는 모습을 거의 본 적이 없었던 것 같아서 해본 생각이다. 귀걸이는 물론, 귀금속으로 몸을 치장하지 않았다. 아직 귓불도 뚫지 않았으니, 그것이 하나의 증좌證左가 아닌가. 우리의 결혼 예물에는 반지도 몇 종류 있을 텐데, 그 반지들은 화려한 빛을 감춘 채로 우리 집 어느 곳에서 조용히 미소 짓고 있을 뿐이다.

 근래 우리의 진주혼眞珠婚 기념일에도 고운 진주반지 하나 선물하지 못했다. 그렇지만 사십여 년 세월 동안 고색창연한 우리 집 황금반지는 삼 대에 걸쳐 선물로 전해지고 있으니, 이보다 더 귀하고 값진 선물이 어디 있을까. 이 황금반지는 빛깔이 퇴색되고 문양紋樣도 닳아서 희미하지만, 화려하고 값비싼 어떤 다이아몬드 보석보다 소중하다. 영원히 대물림할 사랑과 그리움이다.

죽음 체험

 유언장을 쓴다. 이 순간에 와서 무슨 할 말이 필요할까마는 마지막 인생을 마무리하지 않을 수도 없다. 잘한 일이면 뭐할 것이며, 잘못한 일이면 어찌할 것인가. 용서니 후회니 한들 무슨 소용이 있을까. 더군다나 모든 것을 남겨둔 채 먼저 떠난다고 야단법석을 떨 필요도 없다. 영원히 지울 수 없는 인생의 방점 앞에서 조용히 가는 것이 그나마 아름다운 모습일 테니까.
 장송곡이 은은히 울려온다. 나는 관이 있는 곳으로 걸어간다. 관으로 들어가 반듯이 눕는다. 내 몸에 꼭 맞는 공간이다. 잠시 편안하다 싶더니 바로 싸늘한 느낌이다. 뚜껑이 덮인다. 캄캄하다. 답답하다. 조용하다. 갑자기 쾅쾅 못 박는 망치질 소리가 들린다. 왼쪽, 오른쪽 빈틈없이 박는다.

공포의 소리도 잠시일 뿐 다시 정적에 잠긴다.

도돌이표 악보처럼 내 인생 역정이 다시 펼쳐져 보인다. 복잡한 인생이다. 적게 산 것도 아니다. 이렇게 많은 일이 있었는데도 잘도 잊고 살았다. 실타래처럼 얽힌 채 풀지 못한 것들도 수월찮게 많다. 만약 십 년만 더 살 수 있다면, 아니 일 년 만이라도……. 가당찮은 욕심이다. 이렇게 끝까지 미련과 집착을 못 버리는 것이 어쩔 수 없는 내 모습인가.

삶과 죽음. 이 문제를 나는 얼마나 진지하게 생각해 보았을까? 죽음의 공포로부터 자유롭지 못했던 한때의 아픈 기억이 나에게도 있다. 그래서 스스로 죽음의 문제에 대해서는 아예 외면하고 싶었을지 모르겠다. 오로지 삶의 존재 그 자체만을 절대적인 것으로 인식하고자 했을 것도 같다. 얼마나 단순한 삶이었던가. 어쩌면 그렇게 살고자 한 것이 바로 나의 삶의 방식이었고 인생관이 되었을지도 모를 일이다.

누구나 죽음을 두려워한다. 대다수는 죽음 그 자체를 잊고 살아간다. 그것이 어쩌면 행복한 삶일 수도 있다. 그러나 죽음을 모르는 사람이 어찌 삶의 의미를 알겠는가. 죽음을 인식하는 자만이 삶의 참된 의미를 알 수 있을 것이다. 사람들은 겨우살이 준비는 하면서도 죽음은 준비하지 않는다고 톨스토이는 설파하지 않았던가.

이 세상에 죽음만큼 확실한 것은 없다. 한 번 태어나서 한 번 죽는 것이 인생이다. 죽음은 인간의 자연적인 현상이며, 인생은 죽음을 전제로 한 삶이다. 삶의 일회성은 삶의 허무를 말하거나 삶의 포기를 종용하는 것이 아니라, 삶이 단 한 번뿐이기에 그 중요성은 더욱 큰 것이며, 아름다운 죽음을 희망할 수 있게 됨을 의미한다.

 관의 뚜껑이 스르르 열린다. 조용히 눈을 떠 보았다. 희미한 불빛이 보인다. 내가 다시 살아난 것인가? 일어나 관에서 나왔다. 그런데 다시 살았다는 벅찬 감격이 밀려오지 않는 것은 왜일까. 단순히 연습이기 때문만은 아닌 성싶다. 어쩌면 삶과 죽음, 이승과 저승의 접점에서 심오한 인생의 의미를 조금이나마 느끼면서, 새로이 맞게 될 삶에 대한 부족한 자신감이나 두려움이 나를 짓누르고 있기 때문이 아닐는지 모를 일이다.

 굳게 닫힌 문을 열고 밖으로 나왔다. 분명한 이승이다. 문 열고 한 발자국만 나고 들면 이승이고 저승인데, 그것을 아는지 모르는지, 온갖 망상과 집착에 빠져 앞으로만 위로만 바라보며 살아가는 것이 우리 인생이 아닐는지. 이런 생각을 해보지만, 부딪쳐오는 현실 앞에서 한 발자국도 벗어날 수 없는 것이 또 다른 내가 아닌가.

 온 천지가 환하게 밝다. 온갖 물상이 다시 내 눈에 들어온다. 짙푸른 여름 산이 싱싱하게 살아 숨 쉬며 생명의 무한가치를 일깨워 주는 듯하고, 저 산 너머 푸른 하늘에는 삶과 죽음의 문제와는 아랑곳없이 한 무더기의 흰 구름이 한가롭다.

　5층 창가에서 내려다보니, 충청북도 '음성꽃동네'의 아름다운 정경이 눈앞에 펼쳐져 보인다. 의지할 곳이 없는 이천여 명을 사랑으로 보살피는 요양원과 사랑의 실천을 학습하는 연수원이다. 이곳 꽃동네가 꿈꾸는 세상은 한 사람도 버려지는 사람이 없는 세상이다. 행복이란 만족한 삶이고, 진정한 사랑은 베푸는 것이라고 가르치는 곳이다.

　배고픔과 아픔을 느낄 수 있는 것만으로도 무한히 행복할 수 있다는, 그런 사소한 진리를 알지 못하고 살아온 나는 행복과 감사에 무디어질 수밖에 없었다. 내가 받은 은총을 헛된 욕심에만 쏟아부은 것 같아 가슴이 서늘해져 온다. 이곳의 가엾은 이들을 바라보면서 느끼는 상대적 행복감을 얼마나 오래도록 잊지 않을는지.

　"얻어먹을 수 있는 힘만 있어도 그것은 주님의 은총입니다."라는 돌탑의 글씨가 더욱 크게 드러나 내 마음에 다시 새겨진다.

　내 뒤를 이어 죽음을 체험하고자 널 앞에 줄지어 서 있는 나의 제자들. 저들은 무엇을 느끼고 무엇을 생각할까? 나는 저 아이들이 마냥 행복하기만을 바랄 뿐인데, 저 순수한 학생들에게 죽음의 의미를 인식하게 하는 것이 과연 적절한

지 모를 일이다. 몇 번째 해보는 관 체험이지만 오늘의 내 느낌이 전과 같지 않으니 무슨 까닭일까?

　조금 전에 작성한 나의 유언장이 자꾸만 눈앞에 아른거린다.

술 취한 사회

 자네들, 벌써 취했군. 이제 이런 이야기 그만했으면 좋겠어. 술안줏거리가 그렇게 없는가? 만나기만 하면 논쟁을 벌이니 이젠 지겹네. 오늘은 특별한 날이니 그만하게나.
 왜? 오늘이니까 할 말이 더 많지. 오늘따라 저 친구들을 보니 더 울화통이 터지는 걸.
 나도 그렇다네. 자네는 무엇이 부족해서 우리 사회를 그렇게 부정적인 시각으로만 보는가? 달라진다고 특별히 좋을 게 뭐 있는가? 그냥 조용히 살면 되지.
 자네처럼 넉넉히 가진 사람이 자신만 안일하게 살아가면 되겠는가? 가진 자가 없는 사람 형편을 어떻게 알며, 당해 보지 않은 사람이 당한 사람 심정을 어떻게 헤아릴 수 있겠어. 난 말일세, 자네가 옛날부터 그분을 왜 그렇게 미워했는지 쉽게 이해가 안 돼. 이제 그분도 없는 세상인데, 아직도 그렇게 미워하는가? 개인적으로 이해관계가 있어서 한쪽 편만 옹호하고 다른 편은 싫어하는지, 아니면 깊이 생각하지도 않고 주위 사람들의 말만 듣고 무작정 따르는 것은 아닌지? 우리 사회에서는 마치 편싸움이라도 하듯이 상대를 매도하니, 그게 무슨 의식 있는 사람의 태도인가?

난 처음부터 그가 싫었어. 갑자기 인기몰이로 대통령이 되어서는 세상을 통째로 뒤흔들려고 했잖아. 개혁도 진보도 좋지만, 우리 사회가 좌경으로 흘러가서는 안 되잖은가. 과거 좌우익의 이념 갈등이 우리 민족에게 얼마나 큰 상처를 남겨 주었던가 생각해보게.

그래서 걸핏하면 좌경으로 몰아붙이는가? 일류 대학 나오고 부모 재산 많이 물려받아서 떵떵거리며 사는 자네 같은 사람들이 불안했단 말이구나. 진보도 개혁도 싫어하는 집단이 기득권자들이고 보수 세력이겠지. 처음부터 그분을 대통령으로 인정하고 싶지 않은 사람들이 많았잖아. 특별히 자기보다 나은 것도 없는데 최고의 자리에 올랐으니 아니꼽고 배 아팠던 사람이 얼마나 많았던가.

맞아. 기득권 세력이 얼마나 무서운 집단인지 우리 사회가 증명했지. 과거의 지도자들도 손대려다가 타협하고 말았어. 그들이 각계각층 힘 있는 자들의 입을 막고 있었으니 누가 감히 도전할 수 있겠어. 지난 정부도 대충 넘어가려고 했더라면 편안히 잘 지낼 수 있었을 거야. 정의로운 용기가 우리 사회에서는 건방진 만용으로 보일 때가 많거든. 세계 십 위권의 경제 대국이면서도 아직 부정부패의 불명예를 청산하지 못하고 있는 것이지.

저 친구까지 합세하는군. 약자들이나 없는 사람들 눈으로 보면 세상이 다 그렇게 보이는 거야. 마치 부자들을 모두 부도덕한 사람처럼 취급하고 있잖아. 부자가 무슨 죄인인가? 남보다 열심히 노력해서 모은 재산인데, 그걸 못 빼앗아서 혈안이 된 것이 진보이고 개혁인가? 여기가 어디 사회주의 사회라도 되는가? 또, 일국의 지도자는 무게가 좀 있어야지, 말이 너무 많으면 곤란해. 할 말 안 할 말 다 하는 지도자를 어떻게 존경하겠어. 지도자는 권위가 있고 신비로운 데가 있어야지.

뭐? 그런 사고방식을 가진 사람들이 있으니 걸핏하면 과거의 누가 그립다든가, 군사 독재 시대가 다시 와야 한다는 등의 헛소리를 하는 사람들이 생기는 거야. 그런 사람은 옛날처럼 어디에 끌려가서 험한 꼴을 당해 봐야 과거 권위주의 시대의 독재가 얼마나 무서운지 알 사람이야. 직접 당해 보지 않았다고 함부로 말하면 속물 지성인밖에 안 되지.

이 사람이 무슨 소리를 하는 거야. 속물이라니. 그럼 자네는 진정한 지성인이고 대단한 성인군자라도 된다는 말이야?

적어도 자기가 직접 당해 보지 않아도 당한 사람들의 심정을 헤아릴 줄 알아야 진짜 지성인 자격이 있다는 말일세. 지성인은 그 사회를 올바른 쪽으로 이끌어 나갈 책무가 있다고 봐. 지성인들이 이기적인 쪽으로만 힘을 쏟는다면 그 사회는 내일이 없어. 소인배들만 들끓는 사회에 무슨 희망이 있겠는가 말일세.

이제 우리 사회도 독재나 권위주의 시대를 청산하고 진정한 민주주의 시대로 나아가야 해. 권력자가 스스로 권위를 떨쳐버린다는 것이 얼마나 대단한 양보인가. 다른 건 몰라도 그분이 실천한 민주적인 탈권위주의와 국민통합의 정신은 높이 평가해야 해. '바보 노무현'이라는 별명이 어디서 나왔는가. 패거리 정치, 지역주의 정치의 폐해가 얼마나 컸던가. 어떤 지역에는 부지깽이든, 누구이든 공천만 받으면 금배지를 달 수 있었어. 앞으로도 그럴까 끔찍스럽네. 이제 우리나라도 패거리 정치, 보스 정치는 끝내야 해.

어허, 이 사람들 이러다가 또 싸우겠군. 만나면 다툼이야. 그동안 얼마나 논쟁을 벌였는데, 아직도 끝이 안 난 모양일세. 하기야 쉽게 끝날 일이 아니지. 수천 년 세계 역사가 이렇게 싸우면서 발전했는지도 모르지. 그러나 내 생각은 옳고 남의 생각은 잘못되었다는 그런 사고방식이 큰 문제야. 더군다나 우리나라처럼 좁은 땅에 살면서 패거리 여론에 휩싸이는 것은 국민 화합에 큰 장애물이지.

싸우든 말든 그래도 현실을 외면하지 않고 관심이라도 두니 모두 애국자인 셈인가? 현실의 이상 정치를 꿈꾸었던 공자는 '안 될 줄을 번연히 알면서도 뚜벅뚜벅 행하는 사람'이라는 지적을 많이 받았다고 하더라만, 그런 '비관적인 사회 참여'도 우리 사회에서는 필요한 것 아닌가.

오늘 아침에 국민장國民葬 광경을 TV로 보니 마음이 착잡하더군. 국제적인 망신이라는 생각이 들기도 하고. 전후 상황이야 어쨌든, 그래도 일국의 대통령을 지낸 분인데, 정말 비참한 현실이 아닌가. 그런 와중에도 사거死去니 서거逝去니 따지면서 국민장은 당찮다고 흥분하더구먼. 이번에 수백만 명이 조문했다는데, 나도 그렇고 자네들 중에도 누구 조문 다녀온 사람이 없지 않은가?

대단하더구먼. 또 한참 동안 우리 사회가 시끄럽겠구나 싶더라. 정부에서는 촛불 시위가 걱정되고, 혹시나 불상사라도 일어나지 않을까 염려되었을 거야.

그래서 정부에서는 국민장으로 국민의 정서를 달래려고 했겠지. 그 속에서도 일부 충성스러운 사람들이 때때로 악수惡手를 두는 모습이 안타깝더군. 민중의 생각을 가로막고 탄압하는 것이 윗사람에 대한 충성심으로 착각하나 봐. 빈소를 강제로 철거하고 서울광장을 버스로 담장을 친 모습은 정말 보기 안 좋았어.

발인제를 보니 나 같은 사람도 눈물이 나더군. 세상에 죽음만큼 슬픈 일이 어디 있겠나. 인간의 생명은 그 어떤 것보다 존엄한 것이고, "죽음은 미움보다도 사랑보다도 더 너그러운 것"이라고 어느 시인이 말했잖아. 어릴 적 마을 뒤의 저수지에서 대나무 낚시하고 감꽃 주워 먹으며 개구리 잡던 고향이 좋아 낙향한 최초의 대통령이었는데, 오죽하면 죽음을 택했을까 생각하니 가슴이 아프더라. 우리의 가혹한 현실은 그분마저도 가만히 두지 않았어. 과거 우리의 어느 대통령도 본인이나 가족 때문에 무사태평하지는 못했었지. 그리고 청와대를 떠나올 때, 출입 기자들이 써 준 글이 의미심장하더군. "수고 많으셨습니다. 이제 당신에게 석방을 허락합니다. 일로부터, 구속으로부터, 책으로부터, 그리고 비판으로부터."

운구차 위에 하나씩 둘씩 날아와 쌓이는 노란 종이비행기가 매우 인상적이었어. 울려 퍼지는 상록수 노랫소리와 함께 기타 치며 노래 부르던 망자의 옛 모습이 화면으로 보이고, 수백 개의 만장이 펄럭이는 가운데 이름 모를 여인의 간절한 합장과 들리지 않는 기도 소리가 애절하더군.

그보다 맥없이 영정 뒤를 따르는 남은 가족들. 그 광경을 봉화산 푸른 소나무와 대나무 사이에서 함묵하는 봉화바위가 내려다보고 있더군. 검은 리본, 검은 만장보다 더 새카맣게 타들어 가는 것은 유족들의 심정이 아니었겠나. 많은 조문객의 흐르는 눈물 속에서 수없이 쌓인 노란 종이비행기의 날개도 힘을 잃었는지, 태어나고 자라고 뛰놀고 영원히 웃으며 살고 싶었던 고향 마을을 차마 떠나기가 아쉬웠던지, 뜻있는 사람들이 깔아둔 비단 카펫도 마다하고 운구 차량이 좀처럼 발걸음을 떼지 못하더라. 거리에도 지붕 위에도 담장 너머에도 슬픔의 눈길은 모여 있었네.

영정 사진에는 따스한 미소가 흐르고 있었지만, 그 웃음 뒤에는 한 인생의 슬픔과 시대의 아픔이 감돌고 있었어. 진양 장터까지 딸기를 팔러 가는 엄마의 손수레를 밀고 끌어주던 어린 시골 소년의 모습은 아니었어. 영정을 바라보는 사람들이 입을 막고 눈을 가리며 흐르는 눈물을 감당하기 어려운 표정들 속에서 한 이웃 노파의 주름진 볼에도 눈물이 흘러내리고 있었어. 적어도 이들 중에는 향후의 보신保身 때문에 '악어의 눈물'을 흘리는 자들은 없는 것 같았어.

나는 눈물을 흘릴 자격도 없지만, 솔직히 눈물도 별로 안 나오더라. 그냥 가슴만 답답하더군. '바보 노무현'이라는 말이 회자膾炙하지만 어쩌면 우리가 진짜 바보라는 생각이 들기도 했어. 그런데 손녀를 태우고 보리밭 길 사이를 자전거로 달리는 모습은 행복해 보이더군. 발가락 양말을 신고 있는 전직 대통령의 모습은 해외 토픽감이 아니던가. 막걸리 마시고 보릿짚 모자 쓴 모습은 오래도록 기억에 남을 거야.

죽음은 슬픈 일인가 보다 생각했어. 자네들, 장례식 얘기하면서는 덜 싸우는구먼. 죽음 앞에는 아군도 적군도 없듯이 죽음 뒤에는 진보도 보수도 필요 없지. 이데올로기가 삶과 죽음의 문제를 근본적으로 해결할 수는 없으니까 말일세. 우리가 모두 마치 술 취한 사회에서 비틀거리고 있는 것 같구려. 이제 자네들도 술이 확 깨는 모양이지. 앞으로는 제발 좀 싸우지들 말게나.

왜 자네는 아무 말도 안 하는가?

똑똑한 그대들의 큰소리만으로도 충분하지 않은가. 그대들보다 주량酒量이 적다 보니 생각의 깊이도 양도 부족한 사람이니 무슨 말을 덧붙이겠나. 나는 무엇이 옳은지 그른지 분간할 수가 없네. 누군가 말하기를 '혼동도 못 하는 세상.'이라고 하더라만, 술에 취하지 않고서는 제대로 알 수 없는 사회인가 보지.

비석에는 뭐라고 적을까?

'모든 사람이 대접받는 세상, 사람 사는 세상을 만들기 위해 노력하다가 떠나가다 - 바보 노무현'

위험한 남자

"학생, 학교 앞까지 태워 줄까?"

출근하기 위하여 아파트 지하 주차장에서 나오니 비가 주룩주룩 내리고 있었다. 바로 그때, 아파트 정문에서 나와 학교에 가는 한 여학생을 보았다. 그 학생은 이웃에 사는 중학생으로서 안면이 있었다. 비가 많이 오기 때문에 순간적으로 학교 앞까지 태워 주어야겠다는 마음에 그렇게 말했더니, 학생은 괜찮다고 하면서 도망치듯 피해 갔다. 더 말을 붙일 겨를도 없었다. 그런데 그 여학생이 나를 힐끔 쳐다보고는 놀란 표정으로 뛰어가는 모습을 보면서 오히려 내가 당황스러웠다.

출근하면서 생각해 보니, 무심코 한 나의 행동이 잘못이었음을 알았다. 그 학생의 놀라는 모습이 자꾸 떠올랐기 때문이다. 내 차의 움직임을 주시하면서 뛰어가지 않았던가. 뛰어가면서도 힐끗 돌아보며 경계의 눈빛을 띠고 있는 것 같았다. 그래서 나는 학생이 몹시 나쁜 상황을 생각하며 더는 두려운 마음이 들지 않도록 급히 차를 몰고 와 버렸다.

그렇게라도 했기에 학생은 놀란 가슴을 진정하고 학교로 갈 수 있었을는지 모른다. 만약에 학생에게 안심시켜 줄 요량으로 계속 말을 걸거나 천천히 차를 움직여 따라갔다면 그 여학생은 더 두려움에 떨면서 도망갔거나 위급한 생각에 고함을 질렀을 수도 있었을 것으로 생각하니 정말 아찔했다. 좋은 일 한 번 하려다가 자칫 큰 봉변을 당할 수도 있었겠다고 상상하니 내 행동이 얼마나 경솔했는지 알만했고 곧바로 후회되었다.

어쩌면 그 학생은 학교에 도착할 때까지 계속 나에 대하여 생각하고 있었을지 모른다. 아직도 그 여학생이 나를 위험한 남자로 생각하고 있다면 참으로 억울하고 서글픈 일이지만, 어쩔 수 없는 일이 아닌가. 하기야 사람이 사람을 의심하는 왜곡된 현실을 만든 원인이 대부분 우리 사회의 어른들이라고 생각하면 내가 억울해할 수도 없다.

이런 우리의 현실이 몹시 안타까울 따름이다. 사람의 마음이 누구나 같을 수는 없으니, 무엇이든 자신의 마음만으로 판단하고 행동해서는 안 된다는 교훈 하나를 더 얻은 셈이다. 호의도 가려서 베풀어야 한다는 생각을 하면서 왠지 씁쓸한 마음을 감출 수가 없고 서글퍼지는 것은 무엇 때문일까?

요즘 사회가 우리를 놀라게 하고 있다. 최근 학교 교정에서 어린이를 유인하여 성폭행한 사건과 그와 비슷한 일들이 자꾸 일어나다 보니 사람에 대한 불신은 더욱 커지고 있는 것이 사실이다. 서로 잘 알지도 못하는 여학생을 갑자기 차에 타라고 한 나의 행동이나, 낯선 사람이 갑자기 내 차에 올라탄 행동이나 무엇이 다르겠는가. 몇 달 전에 겪었던 황당한 일이 떠올랐다.

퇴근길이었다. 느긋한 마음으로 건널목에서 신호를 기다리고 있는데, 갑자기 내 차의 문을 열고 들어와 앉는 사람이 있었다. 아주 순식간에 일어난 일이었다. 깜짝 놀라 쳐다보니, 깔끔하게 양복을 차려입은 오십 대의 남자였는데, 손에는 두툼한 성경을 들고 있었다. 그는 공손히 인사를 하면서 교회에 갈 시간이 바쁜데, 자신이 타고 갈 버스를 바로 앞에서 놓쳤다고 했다. 그러면서 앞에 보이는 저 차를 빨리 가서 좀 탈 수 있도록 해 달라는 것이었다.

그리고는 "오! 주여! 주님의 뜻에 따라 시간 맞춰 주님 곁으로 갈 수 있게 되었나이다. 감사합니다. 오! 주여!"라며 경건하게 기도하고 있었으나, 나로서는 황당하기 이를 데 없었다. 무작정 타고 난 뒤에 미안하다는 인사를 했지만, 그 인사가 나의 놀란 가슴을 진정시킬 수는 없었다. 기분

같아서는 당장 내리라고 하고 싶었으나 워낙 진지한 모습으로 신의 은총에 감사하고 있었기에 잠시 후에 버스를 추월하여 내려주었다.

당시에는 매우 놀라고 불쾌했다. 그런데 지금 생각해 보니, 그 사람이나 나의 행동이 상대를 놀라게 한 점에서는 별반 다를 바가 없을 것 같았다. 그가 성경의 두께만큼이나 신심이 두터운 사람이라면 자신의 그런 행위를 별 이상한 행동으로 생각했겠는가. 그것도 신의 은총이라고 여기지 않았던가.

세상이 불안하다 보니 사람이 사람을 불신하고 경계해야 함은 어쩔 수 없는 사회 현상이다. 하나님의 마음으로 남의 차에 탄 사람이나 이웃 어른이고 교사의 마음으로 어린 학생에게 호의를 베풀려던 나를 우리 사회는 정상적인 행동으로 보지 않은 지 오래된 것 같다.

순간적으로 놀라고 당황했던 것은 나와 그 여학생이 크게 다를 바 없었을 것이다. 언제부터 우리 사회가 이렇게 변했는지, 생각할수록 씁쓰레하고 안타까운 마음을 씻어 버릴 수가 없다. 사람이 사는 세상에서 사람처럼 살기가 그렇게 어려운가?

그래도 이 세상이 낫다

 여러 종교 단체의 지도자들이 한자리에 모여 삶과 죽음, 천당·극락과 지옥에 관한 본질적인 문제를 토론하고 있었다.
 이들은 한결같이 인간 현세를 신랄하게 비판하였다. 인간 세상은 무질서와 비도덕의 극치를 이루고 있으며, 말세의 징후가 곳곳에 나타나고 있다고 역설하였다. 이 시점에서 인간이 지향할 최후의 희망은 종교적인 구원뿐이며, 그 구원의 세계는 바로 천당과 극락세계라고 주장했다. 고난과 역경의 인간 세상에서 헤어나 평화와 안식을 영원히 누릴 수 있는 세상은 죽음 이후의 그 세계뿐이라는 것이었다. 오랜 시간 동안 종교 지도자들이 의기투합하여 인간 세상을 질타하는 데에 한껏 열을 올리고 있을 때, 계속 묵묵히 듣고만 있던 한 사람이 연단에 올랐다.

"존경하는 각계의 종교 지도자 여러분, 여러분은 많은 사람으로부터 존경과 숭배를 받으시는 분들입니다. 지금까지 여러 신도에게 반드시 천당이나 극락세계로 가자고, 가야만 한다고 설교하며 그들을 인도했습니다. 저는 오늘 여러분께 드리고자 큰 선물을 준비했습니다. 여러분들도 모두 천당이나 극락세계에 가고 싶지요?"

지도자들은 점잖고 근엄한 표정을 지으며 고개를 끄덕이고 있었다.

"좋습니다. 그러면 지금부터 여러분 중에서 선착순으로 먼저 나오는 열 분을 뽑아서 그 원하는 곳으로 지금, 바로, 즉시 보내드리겠습니다. 빨리 나오시기 바랍니다."

장내는 갑자기 조용해졌다. 서로 힐끗힐끗 쳐다볼 뿐, 아무도 나오려 하지 않았다.

이 불경스러운 이야기는 물론 실제로 있었던 것도 아니고, 그냥 꾸며본 것일 뿐이다. 종교를 근본적으로 부정하거나 모독하고자 하는 의도도 전혀 없다. 다만, 천당·극락과 같은 종교적 이상세계에 대한 동경과 환상이 고난의 현실을 살아가는 사람들에게 위로와 안식을 줄 수도 있지만, 혹시 생각이 부족한 미성년자 중에서 종교적인 이상주의에 젖어 한 사람이라도 현재의 인간 세상을 경시하거나 도피

하고자 하는 잘못된 판단을 하지 않을까 우려하고 있을 따름이다. 이 이야기는 온실 속의 화초같이 연약한 우리 학생들에게 생명의 소중함을 일깨우려고 일부러 의도적으로 꾸며본 자살 방지용 면역 처방제에 지나지 않는다.

얼마 전, 미모의 연예인이 자살한 충격적인 사건이 있었다. 그 이후에 자살한 사람의 숫자가 그 이전보다 배 이상 늘었다는 보도가 있었다. 네티즌의 6.4%가 동조 자살 충동을 느꼈다는 보도였다. 이른바 '베르테르 효과'가 뚜렷이 나타난 것이다. 연예인이라면 부모보다 더 숭배하고 추종하는 요즘 청소년들에게 혹시나 자살 충동이 더 일어나지나 않을까 걱정되는 사건이었다. 사회적 스트레스가 심해지면서 나타난 사회병리 현상인 셈이다.

몇 해 전, 고3 담임을 맡고 있을 때였다. 우리 반의 한 학생이 갑자기 가출한 일이 있었다. 며칠 후에 무사히 돌아왔지만, 그 학생의 가출은 여느 경우와는 달라서 나는 물론 반 친구들에게까지 큰 충격을 주었다. 상류층 집안의 외아들로서 무엇 하나 부족함이 없는 학생이었기 때문이다. 공부도 상위였고 행실도 착한 모범생으로서 평소에 다른 학생들에게 선망의 대상이었다.

나중에 그 사정 이야기를 들어보니 역시 짐작대로였다. 부모의 지나친 성적 향상에 대한 기대 때문에 엄청난 정신적 압박을 받았던 것이다. 어떻게 해서라도 대를 이어 병원을 물려받아야 한다는 부모의 성화에 견디다 못해 죽고 싶은 충동을 여러 번 겪었다고 했다. 그때 우리 반 학생들에게 자살 충동을 느껴 본 적이 있었던 경우를 조사해 보니 놀랍게도 반 이상이나 되었다. 최근에 젊은이들의 자살이 급격하게 증가하고 있고, 우리나라 십 대의 자살은 십 대 사망 원인의 두 번째를 차지하고 있다고 하니 충격이 아닐 수 없다.

주변에서 이런 이야기가 들릴 때마다 나의 제자들이 자살 충동에서 벗어나도록 지도해야겠다는 생각이 들곤 하였다. 그래서 시험을 치고 난 뒤에는 으레 농담 속의 진담 형식으로 자살 예방에 관한 이야기를 더러 하였다.

'개똥밭에 굴러도 이승이 좋다.' '공부도 잘 먹고 잘살고자 하는 것인데, 죽긴 왜 죽어.' '성적표 들고 아파트 옥상 출입은 절대 금지다.' '자살해서 염라대왕 앞에 가면 몽둥이 사흘 맞고 두 대 더 맞는다.' 웃을 얘기지만, 정말로 염라대왕이 있다면 순서도 부름도 없이 제 마음대로 찾아온 자살자를 순순히 받아주겠느냐는 생각도 들었다. 앞에서 예로 든 종교 지도자들의 이야기도 절박한 심정에서 꾸며본 여러 예화 중 하나일 뿐이다. 비논리적이고 부적절하며 타당성도 없지만, 생명의 존엄성과 삶의 소중함을 깨닫게 하기 위한 하나의 방편으로서 자살 충동 예방을 위한 면역증강제로 사용한 것이었다.

학교 성적과 입시의 압박에 견디지 못하고 자살하는 학생들이 해마다 늘어가고 있다. 이것은 잘못된 사회제도의 모순 속에서 나타나고 있는 현상이다. 우리 사회는 '어른들이 아이들 잡아먹는 세상'이라는 속된 말을 지워버릴 수가 없다. 청소년 자살의 많은 원인 제공은 어른들임을 누가 부정할 것인가.

학생의 공부도 삶의 한 과정일 뿐인데, 그것이 인생의 최종 목표인 것처럼 착각하는 잘못된 가치관이 문제다. 내 자식 잘 키워보겠다는 부모의 욕심을 누가 막을 수 있겠는가마는 작은 그릇에 넘치게 담을 수는 없다. 그러한 무분별한 과욕이 빚어내는 비극적 결과가 만에 하나라도 자살이라는 결과를 가져온다면 어찌할 것인가? 이런 생각이 단순한 기우가 아니라 실제로 일어나고 있는 현상이 아닌가. 이것은 분명히 자식에 대한 사랑이라는 핑계로 자행되고 있는 기성세대의 횡포이며 범죄행위이다.

우리 아이도 학교에 다닐 때 몇 번이고 죽을 지경이라며 고통스러워했다. 자식의 고통을 이해할 수 있었고 나 자신이 반성하기도 했지만, 죽겠다는 말은 정말 섬뜩한 말이었다. 지금도 학생들은 공부만 잘하면 모든 것이 용서되는 비뚤어진 사회 속에서 죽을 지경으로 살아가고 있는 것이 엄연한 현실이다. 그렇지 못한 학생들이 설 곳이 어디인가가 문제이고 우려할 일이다.

나는 학생들에게 '죽는다'는 말은 절대로 입에 올리지 말라고 강조한다. 입방정이 화근이 될까 두렵기 때문이다. 현재의 삶이 매우 힘들고 죽을 지경이라지만, 그래도 이 세상이 낫다. 살아서 숨 쉬고 있는 이 세상이 바로 천당이고 극락이 아닐까?

목소리

 목이 쉬어 말을 할 수 없다. 본디부터 아름답고 강한 목소리를 타고나지 못했는데, 이제 탈까지 나서 본래의 쉰 목소리를 넘어 스스로 말하고 듣기에도 불편하니 남들은 오죽 거북할까.

 며칠 동안 목을 무리하게 사용하였다. 학교 수업에다 외부에서 한 강의가 주야로 겹친 것이 원인인 것 같다. 수십 년 동안 강단에 서 있지만, 아직도 때로는 목소리를 조절하지 못한다. 열강한다고 칭찬하는 사람들도 있으나, 스스로 제어하지 못하는 나의 탓인 것을 모르는 바는 아니다.

 목소리가 크다고 만사 해결될 수 없음을 잘 알면서 아직도 대화할 때 점잖지 못하게 목소리가 커지는 경우가 없지 않다. 뱃속 깊은 곳에서 자신의 권위를 밀어 올리듯 목소리를 낮게 깔면 상대를 제압할 수도 있으련만, 나는 아직 그러지 못한다. 상황에 따라 흥분과 고성을 참지 못한다.

이번 일은 몸을 무리하게 다룬 나에 대한 경고 메시지라는 생각이 들었다. 내가 나이를 잊고 아직은 몸뚱어리가 성하다고 무슨 일이든 신중하지 못하게 달려든 경우도 적지 않았다. 더러 주위에서 주의보를 전해 주었거늘 귀 밖으로 날려 버리기 일쑤였다. 체육관에만 가면 역기의 무게를 높이려 하고, 마라톤 대회에도 참가하여 무리하게 달리기도 하였다.

게다가 근년부터 새로운 운동을 시작하였다. 그것도 처음부터 조심하며 몸 상태를 점검해야 하는데, 아예 연회원으로 등록함으로써 중도에 포기할지도 모르는 나 자신을 스스로 옭아 묶어버리는 과욕을 부렸다. 운동 중에 내 몸에서 몇 번이나 이상 징후를 보였지만, 그때에도 너무 가볍게 대처했다. 연습장 출입 한 달 만에 가슴에 통증이 있어 병원을 찾았더니, 갈비뼈에 금이 갔으니 한 달 가량은 중지하라고 했다. 그 후, 보름 정도가 지나니 아무렇지도 않은 것 같아서 운동을 재개하다가 다시 덧나게 하는 오만함을 보였다.

이 정도의 이치는 알 만한 나이임에도 순리를 거스르고 말았다. 막대기 하나 휘두르더라도 몸의 상태를 고려해야 하거늘, 무거운 골프채를 온 힘을 다하여 연일 몇 시간씩

휘둘러대었으니 당연한 결과였다. 나의 과욕이 때때로 발동하여 자신을 괴롭히고 있다. 몸을 생각하지 않고 마음만 앞서가는 무모함을 아직 못 털어버리고 있으니, 인생 수양이란 말은 감히 입 밖에 꺼낼 수가 없다.

성리학의 창시자인 주자는 말년에 눈이 어두워진 것이 계기가 되어 더는 모든 일에 욕심을 접어버리고 마음과 성품 기르기에 전념하게 되었다고 한다. 그러면서 스스로 더 일찍이 자신의 눈이 어두워지지 않았음을 한탄했다고 하지 않았던가.

이런 교훈을 나도 당장 실천할 수만 있다면 얼마나 좋을까. 나의 쉰 목소리로 말미암아 내 모자라는 인품을 조금이나마 보완할 수 있도록, 인생의 작은 깨우침이라도 얻게 되었으면 하는 바람도 가져 보았다. 내 목소리에 이상이 있으면 함부로 다른 사람 앞에 나서지 않을 것이고, 말을 적게 하면 다른 사람의 가슴에 못을 박는 말실수도 줄어들 것이 아닌가. 이러한 옛 성인의 교훈을 뻔히 알면서도 쉽게 따라가지 못하고 있으니….

이렇게 기운 빠진 쉰 목소리로 변해 버렸으니 저절로 분수를 지키는 목소리가 되어 좋다고나 해야 할까? 나이가 들면서 큰소리 지른다고 해서 위엄과 권위가 생겨나지도 않을뿐더러 굴복할 사람도 없을 것이다.

어쩌면 다행스러운 일인지도 모른다. 나이가 많아지면서

늘 젊은 시절의 몸으로 유지되리라고 착각하며 사는 것도 큰 병이니 하는 말이다. 늦은 감이 있지만, 이를 계기로 몸이든 마음이든 뜻대로 되지 않는다는 것을 깨닫게 해 주는 교훈을 하나 얻은 셈이다. 내가 아직 젊음을 잃지 않았다고 큰소리친들 어느 누가 알아줄까? 그것을 모르고 그런 마음만 더 오래 간직한다면 더욱 큰 화가 내 몸과 마음을 괴롭힐 것이다.

『예기』에는 사람이 예순이 되면 새삼스레 학문과 친하지 말아야 한다고 했다. 장수하는 시대로 바뀌어 예순의 나이는 너무 억울하다 하더라도 더는 새로운 계획을 세우고 과욕을 부리는 것은 예순이나 일흔이나 무슨 차이가 있을까 싶다. 하루라도 빠르면 빠를수록 몸과 마음이 더욱 평안을 찾게 된다는 사실을 나는 왜 몰랐을까?

다시 초인을 기다리며

다시 초인을 기다리며
구룡연 가는 길
세월의 소리
가지치기
명함
또 다른 방
유산
연습 제1막

다시 초인을 기다리며

 육사의 문학 향기를 찾아 나선다. 아직도 선생의 고향 길은 산허리 군데마다 눈길이다. 나의 발길이 이렇듯 조심스러운 것은 미끄러운 눈길 때문만은 아닐는지 모른다. 집을 나서는 순간부터 내 머릿속에는 그분의 삶의 역정이 끊임없이 펼쳐지고 있었기 때문이다.
 매운 계절 탓인지 '이육사 문학관'에는 방문객이 아무도 없다. 순간, 선생의 고독한 투쟁을 느끼면서도 위대한 민족의 영웅을 내가 독대하는 행운을 얻은 것 같다. 여러 차례 이곳을 찾았으나, 오늘따라 온몸으로 스며드는 엄숙함이 더한 것은 무엇 때문일까? 사람이든 사상事象이든 대하는 마음가짐에 따라 그 대상의 존재감과 의미가 달라지는 법이다. 도착하자마자 나를 응시하는 선생의 시선을 마주 보며 공손히 마음속 큰절을 올린다.

2004년 육사 탄신 100주년 기념사업으로 건립된 문학관은 그의 출생지인 경상북도 안동시 도산면 원천리 불미골 2,300평의 터에 건평 176평 지상 2층 규모로 지어졌다. 이곳은 육사의 여섯 형제가 태어나고 자랐던 마을이다. 한눈에 들어오는 문학관과 원천리는 전형적인 배산임수의 터에 자리 잡고 있었다. 본래 생가는 안동댐 수몰로 사라지고 생가 터에는 「청포도」 시비가 쓸쓸히 추모객을 맞이하고 있다. 청포도와 같이 맑고 고운 시심을 지녔던 시인을 무엇이 매서운 혹한도 녹일 만큼 뜨거운 열정과 신념을 지니고 국내에 열일곱 차례나 잠입하여 항일투쟁에 앞장선 독립투사로 나서게 하였을까?

현재는 문학관 뒤편에 선생의 6형제가 살던 집을 기리는 생가 모형의 육우당이 새로 지어졌다. 실제 생가가 안동 시내 태화동에 있다고 하여 귀갓길에 찾아가 보았다. '육사 생가'라는 작은 표지판이 대문에 붙어 있어 반가운 마음에 발걸음을 재촉했으나, 내가 이미 보았던 생가 사진과는 차이가 컸다. 굳게 닫힌 초라한 대문 너머 좁은 마당 한구석에 돌 표지석만 쓸쓸히 지키고 있어 방문객의 마음을 안타깝게 했다.

문학관에서 선생의 향취를 진하게 맡으며 함께 호흡하였으나, 나의 갈증을 다 채우진 못했다. 나는 시인의 옛 발자취를 더듬어 보기로 했다. 토계에서 원천리로 넘어가는 당재에서 오른쪽 산기슭을 타고 가면 「광야」의 시상이 떠오르는 '쌍봉 윷판대'가 있다. 이른바 '윷판대'는 산 위에 있는 고대 암각화 유적이다. 능선 길을 따라 오르니 윷판대의 실체보다는 앞에 펼쳐진 경관이 장관이다. 원천리를 굽이쳐 흐르는 낙동강 너머 멀리 청량산이 보이고, 마을 앞 넓은 벌판과 왕모산이 한눈에 들어온다. 선생은 이런 아름다운 곳에서 태어나 어려서부터 강과 산을 벗하며 시심을 함양했으리라. 그는 수필 「계절의 오행」에서 "눈물을 흘리지 않는 사람이 되라고 배워온 것이 세 살 때부터 버릇"이라는 어머니의 가르침을 적고 있다. 그러나 그 시절에 걱정 없이 평화롭게 살았던 사람이 몇이나 되었겠는가. 그럴 때마다 그는 "발길이 저절로 내 동리 강가로만 가는 것이었다."라고 회고했다. 마을 앞을 유유히 흐르는 강물을 바라보며 더 넓고 새로운 세계를 꿈꾸었을지도 모른다. 훗날 객지를 떠돌다가 지쳤을 때 찾아가 편히 쉬고 싶은 마음의 고향이 바로 이 강이었으리라. 아무리 남성적 기개와 웅지를 품었던 애국지사일망정 아픔과 외로움이 없었을까. 그럴 때마다 고향의 강과 어머니의 말씀을 되새기며 "내 길을 사랑하는 마음, 그것은 나 자신에 희생을 요구하는 노력이오. 이래서 나는 내 기백을 키우고 길러서 금강심에서 우러나오는 내 시를 쓸지언정 유언은 쓰지 않겠다."라고 다짐하곤

했다. 이곳 사람들은 이 '윷판대'가 시 「광야」의 시상지로 알려져 명소가 되었다고 말한다.

「광야」

까마득한 날에
하늘이 처음 열리고
어데 닭 우는 소리 들렸으랴.

모든 산맥들이
바다를 연모해 휘달릴 때도
차마 이곳을 범하던 못하였으리라.

끊임없는 광음을
부지런한 계절이 피어선 지고
큰 강물이 비로소 길을 열었다.

지금 눈 내리고
매화 향기 홀로 아득하니
내 여기 가난한 노래의 씨를 뿌려라.

다시 천고의 뒤에

백마 타고 오는 초인이 있어
이 광야에서 목 놓아 부르게 하리라.

  광활한 벌판인 '광야'가 고향 벌판이든 만주 벌판이든 어떠하랴. 독립운동가로서의 육사는 광활한 만주 벌판을 바라보며 그곳에서 태동하였던 옛 우리의 역사를 생각하였을지도 모른다. 그러니 '광야'는 어릴 적 그가 꿈을 싹틔웠던 고향의 넓은 들판이면서 항일 민족 시인으로서 기개를 펼쳤던 공간일 수도 있다. 옛 우리 땅을 거닐며 우리 민족의 정기가 살아 숨 쉬는 그곳에서 자유의 조국을 그렸을까? 암울했던 식민지 현실에서 스스로 초인이 되어야 했고, 백마 타고 오는 백의민족 초인을 기다리면서 조국 광복을 간절히 염원하였으리라.

  나는 지난 역사와 더불어 지금 이 땅의 현실을 생각하며 왕모산 등성이를 따라 발길을 옮긴다. 여기에서도 육사 문학관과 생가 마을이 강줄기와 벌판 너머로 펼쳐져 보인다. 첫 고개를 넘어가니 왕모를 모신 왕모당이 있다. 이것이 있는 왕모산성은 고려 공민왕이 모후母后를 모시고 몽진蒙塵한 옛 성터이다. 1361년 고려 공민왕이 홍건적의 난을 피해 안동으로 왔을 때, 왕의 어머니가 이 산으로 피난했다 해서 붙여진 이름이다. 전설에 의하면 홍건적이 이곳까지 진격하여 공민왕이 위태롭게 되자 백마를 탄 장수가 번개처럼 나타나 왕을 구하고 지렁이로 변했다고 한다.

등줄기에 겨울 땀이 배도록 한참 오르니 '절정 시상지'라는 표지판이 붙어 있는 갈봉 갈선대(칼선대)가 나타난다. 멀리서 볼 때에는 그리 높은 기암괴석이 아닌 것 같았으나, 정작 높이가 100여 미터에 달하는 갈봉에 서니 아찔한 수직 암벽과 돌아드는 물굽이의 푸른 기운이 어울려 그 경관이 비경이다. 이렇게 절벽 위 바위 끝이 칼끝처럼 좁아서 칼선대라 불렀으니, '서릿발 칼날 진 그 위에 서'면 '한발 재겨 디딜 곳조차 없'을 수밖에.

「절정」

매운 계절의 채찍에 갈겨
마침내 북방으로 휩쓸려오다.

하늘도 그만 지쳐 끝난 고원
서릿발 칼날 진 그 위에 서다.

어데다 무릎을 꿇어야 하나
한 발 재겨 디딜 곳조차 없다.

이러매 눈 감아 생각해 볼밖에

겨울은 강철로 된 무지갠가 보다.

 갈선대 절벽 위에서 선생의 시 〈절정〉을 읊어본다. 이 시는 식민지 통치가 가장 가혹했던 일제 암흑기의 절정인 1940년에 발표되었다. 일제의 혹독한 식민지 정책으로 많은 사람이 생계 수단을 잃은 채, 만주, 북간도 등으로 살길을 찾아 떠났고 유랑 걸식을 하였다. 전쟁 준비에 광분한 일제의 극심한 탄압으로 국내에서의 민족운동은 물론이고 국외에서의 독립운동도 간신히 그 명맥을 유지할 뿐이었다. 우리 민족이 처한 이러한 극한 상황에서 탄생한 이 작품은 절박한 시대 상황 속에서 자신의 운명을 걸고 대결하려는 비장한 의지를 보여주고 있다.
 저항시인 육사는 일제하 극한 상황에서 더는 '북방으로 휩쓸려' 갈 여지가 남아 있지 않은 수평적 한계 상황과 더 이상의 꿈이나 희망도 찾아볼 수 없는 '서릿발 칼날 진' 고원의 수직적 한계 상황에서 그의 가슴 속에 담아둔 고향 땅 왕모산 절벽을 떠올리며 "『한 발 재겨 디딜 곳조차 없"는 심리적 한계를 느꼈을지도 모른다. 참된 삶을 추구하는 사람에게는 현실이 가혹해지면 가혹해질수록 그에 대한 대결 의지는 더 강인하게 솟아나고, 미래에 대한 소망도 더 커지는 법이다. 그래서 매운 겨울 같은 식민지 현실도 미래에 대한 희망과 신념인 무지개가 되고, 겨울이 강철과 같을수록 무지개도 강철처럼 견고해진다고 하였으리라. 여기서 육사 특유의 지사적이고 대륙적이며 남성적인 목소리를 들을 수 있고, 자신이 처한 극한적이고 절망적인 상황에서도 그것에 맞서려는 의지 또한 '절정'에 이르고 있음을 새삼 느낀다.

왕모산 정상에 오르니 태극무늬로 휘돌아 흐르는 낙동강과 원천리 앞의 벌판이 조망되고 반대편 산기슭을 끼고 도니 도산서원이 보인다. 육사 이원록은 퇴계의 14대손이니, 강직한 저항성으로 알려진 그의 문학적 기질도 퇴계학통에서 나왔을까? 퇴계 선생께서도 평소 이곳을 자주 찾아와 아래를 내려다보면서 "가히 물을 보며 달을 희롱할 만한 곳이다."라고 거듭 되뇌었던 곳이라고 이곳 사람들이 전해준다.

광야에 큰 강물이 길을 열었듯이, 여기 육사의 혼을 실은 강물은 유유히 휘돌아 흘러 큰 댐을 이루고 있다. 안동댐의 광활한 수면을 바라보며 나는 다시 생각한다. 선생이 가신 지 67년, 이 땅에는 아직 눈이 완전히 그치지 않았다. 선생이 그토록 소망하던 매화 향기가 진정 울려 퍼지는가? 시인이 뿌린 "가난한 노래의 씨"가 꽃을 피워 과연 우리가 모두 그 기쁨의 노래를 목 놓아 부르고 있는가?

육사 선생은 퇴계의 14대손으로서, 1904년 4월 4일에 태어나서 1944년에 타계하셨다. 처음 일제 감옥에서의 수인 번호가 264번이었다. 그래서 선생의 호가 '육사'이시니 4가

여섯 개이다. 나약한 내 머릿속에는 '사死'를 연상시키며, 그것을 두려워하는 미신적 인식이 언뜻 떠오르는데, 선생은 나라와 민족을 위해 목숨을 바칠 운명을 안고 태어나셨을까? 죽음을 각오할 만큼 절박한 소망과 용기가 이 세상에 또 있을까? 선생은 그렇게 나라와 민족을 위해 죽음도 두려워하지 않으시고 영웅적 생을 마감하셨다.

나는 그만 눈을 감고 고개를 숙인다.

구룡연 가는 길

 모든 것은 변한다.
 구룡연 가는 길이 아직은 눈길이다. 그러나 그 길도 변하고 있었다. 얼어붙은 눈길이 녹으면 튼튼한 돌길이 되고, 멀지 않아 그 길 위에 꽃잎이 내리고 단풍이 쌓여 우리가 걸어갈 황금빛 융단 길이 펼쳐질 것이다. 금강산 관광에 대한 기대는 어떤 두려움과 우려도 잊게 했다. 곳곳에 대설경보가 내려지고 교통 두절이 보도되었지만, 마음은 벌써 금강산 설봉의 한 마리 봉황이 되어 훨훨 날고 있었다.
 차가 북쪽으로 얼마 달리지도 않았는데 온 천지는 눈 덮인 적막강산이다. 허리가 휘어지게 눈을 한 짐씩 짊어지고 서 있는 도로변 나무들은 눈길을 달리는 내 마음처럼 무거워 보인다. 한참 가다 보니 차창으로 보이는 자연의 모습은 변화무상하고 다양하다. 인간의 삶의 모습과 다를 바 없다는 생각이 스치고 지나간다. 눈을 한 아름 안고 숨죽인 채 서 있는 나무들이 있는가 싶더니, 어느덧 낙락장송은 세찬 눈보라에 몸부림을 치고 있다.

휴전선을 넘어가고 있으나 너무 조용하기만 한 현실 앞에서 동족상잔의 비극적 흔적이 오히려 이상한 느낌마저 들게 한다. 침묵하고 있는 아픈 과거의 역사가 갑자기 아우성으로 내 뇌리를 흔들며 지나간다.

관광증을 목에 걸고 휴대 전화기를 수거하는 순간, 이 여행은 여느 관광과는 달리 자유가 제약된 길임을 실감케 한다. 남방, 북방 한계선의 중간에는 군사분계선을 표시하는 녹슨 시멘트 기둥 하나만이 삐딱하게 기울어진 채로 쓸쓸히 서 있다. 표지판은 떨어져 나가고 힘겨운 듯 서 있는 기둥은 자신의 존재를 인정하고 싶지 않은 듯 괴로운 표정이다.

통일전망대로 가는 길가에 쌓인 눈은 따뜻한 햇볕을 받아 반짝반짝 빛을 내며 녹아들고 있다. 남북 관계도 이렇게 눈이 녹듯이 화해의 분위기가 서서히 조성되고 있을 것이라는 생각이 든다. 모든 것은 변하게 마련이다. 자연도 인간사도.

그러한 생각도 잠시, 남북 양측 출입사무소에서 이루어지는 복잡한 통과 절차를 치르면서 다시 통한의 아픔을 실감하지 않을 수 없다. 남북이 지척이고 그대로 이어진 하나의 땅. 한 발짝만 내디디면 남이요 북인데, 이렇게도 힘이 든단 말인가. 통일의 그 날이 그립고 통일의 염원이 치솟는 순간이다.

타고 온 관광버스가 북녘 땅의 여행지를 누빌 줄로 알았던 나는 북쪽으로 가는 다른 버스로 옮겨 타면서 자유로운 육로 여행이라는 꿈은 아직 착각이었음을 깨달았다. 북녘 땅을 달리는 차창으로 넘어가는 석양빛은 내 마음을 쓸쓸히 비추고 있다. 그러나 저 태양은 내일도 모레도 새로운 희망을 담고 떠오른다. 북으로 달리는 이 차가 금강산에만 머물지 않고 평양을 지나 신의주까지 달리는 그날을 상상해 본다.

금강산 일만이천 봉우리의 선두에 선 구선봉이 처음으로 우리 일행을 맞이한다. 구선봉은 눈마저 녹아서 말갛게 씻은 얼굴을 내밀며 환영의 첫인사를 한다. 앞으로 펼쳐질 탐승의 기대를 잔뜩 부풀게 한다. 개골산의 설경, 자유로이 이 골 저 봉을 하나하나 더듬어 보지 못하는 아쉬움이야 있겠지만, 민족의 명산인 금강산의 품속에 안겨 있다는 사실만으로도 얼마나 감개무량한 일인가.

점점 인기척 없는 마을과 들판을 달리면서 구선봉을 바라보던 눈을 밑으로 향하니 너무나 대조적인 광경이 펼쳐져 나를 우울하게 하고 한참 동안 수렁 속에서 헤매지 않을 수 없게 한다. 길을 따라 양쪽 편 들판에는 외로운 전신주처럼 보초병들이 200m 정도의 간격으로 줄지어 서 있다. 보초병이든 감시병이든 그것이야 그들의 임무라고 하더라도, 이렇게 눈보라가 몰아치는데 바람막이도 없는 허허벌판에 서 있는 그들의 모습이 너무나 안쓰럽다. 아직 중학생 티도 못 벗은 듯한 그들은 방한모도 쓰지 않아 귀와 볼을 그대로 드러낸 채로 찬바람에 시달린 얼굴은 얼어서 붉다 못해 검은빛이고 마네킹처럼 무표정하다. 너무 가여워 차마 쳐다볼 수가 없다. 작은 체구의 저 어린 군인은 지금 무슨 생각을 하고 있을까?

다음날, 악천후 속에서 눈길을 달리며 두려움에 휩싸였던 때는 송두리째 잊은 채, 눈길을 밟으며 구룡연 폭포를 향해 올라가는 발걸음은 힘들지만은 않다. 금강산 계곡을 걸으며 호흡하는 것 자체가 감격이요, 흥분 그 자체가 아닌가.

세속의 찌꺼기라도 씻은 듯이 상쾌한 기분으로 금강문을 통과하며 이 땅 위에 남아 있는 이데올로기의 유산을 짓밟아 뭉개버리기라도 하듯 한 발 한 발 힘차게 내딛는다. 잠시 후 계곡을 가로지르는 흔들다리가 나타나 그 위를 조심조심 걸으며 중심을 잡으려 하나, 아직 내 몸도 이 땅도 흔들거린다. 안정을 찾기에는 나나 이 땅이나 마음이 넉넉하지 못한 모양이다. 그러나 우리를 내려다보고 있는 산봉우리에는 아침 햇살이 밝게 비취고 있다. 그 빛은 새로운 세계를 향한 꿈과 희망처럼 밝고 환하다.

한참 오르다 보니 골짜기는 왼쪽으로 휘어져 돌아가는데, 갑자기 상류에서 밀려오는 세찬 눈보라 때문에 눈도 뜰 수 없고 발걸음을 내디딜 수가 없을 정도이다. 구룡연폭포의 장엄한 성소聖所를 나 같은 범인이 쉽게 다가서기도 어렵거니와 우리 앞에 쉽사리 제 모습을 드러내지 않을 것이라는 생각을 하며 눈보라가 불어오는 곳을 향하여 힘차게 한 발씩 옮겨 놓는다.

구룡폭포가 눈앞에 펼쳐지지만 아쉽게도 폭포는 제 힘을 자랑하지 못한 채 침묵하고 있다. 그러나 침묵하고 있는 폭포는 무한히 잠재된 힘을 지닌 듯이 우람하다. 이 땅이 얼어붙지만 않았다면 폭포수가 휘몰아쳐 눈안개처럼 공중으로 날리어 아홉 마리 용이 승천하는 모습을 바라볼 수 있을 것 같다. 얼어붙은 빙벽 속으로 가늘게 흐르는 물줄기는 미래를 꿈꾸고 있으리라.

영원히 멈춘 폭포는 없다. 지금은 저렇게 꽁꽁 얼어붙은 물줄기지만, 새봄이 멀지 않으니 희망의 그 날에는 동족의 정기가 하나가 되어 민족의 동맥에 붉은 피가 흐르듯이 화합의 물줄기가 쏟아져 내릴 것이다. 무엇도 가로막을 수 없는 그 힘이 비봉폭포 위를 꼬리를 휘저으며 훨훨 날아오르는 봉황새처럼 아홉의 용이 더 넓은 세계로 나아가게 될 그 날을 상상해 본다. 이 폭포의 물줄기는 우리 민족의 막혔던 동맥을 뚫으리라. 흐르는 물줄기를 가로막을 힘은 아무에게도 없다. 설봉의 눈 녹은 성수가 한강까지 흘러 이 땅이 하나의 물줄기로 이어져야 함은 하늘의 뜻이다.

남남북녀가 금강산에서 뗏목을 타고 함경도 아리랑과 경상도 타령을 번갈아 부르면서 어깨춤을 추며 우리의 갈 길을 가야만 한다. 본래는 뚫려 있었던 그 길이 잠시 동맥경화를 앓고 있지만, 한순간 막혔던 그 길이 다시 뚫려 뱃길이 되고 뱃길이 산길이 되는 것이 한민족의 뜻이고 자연의 순리이다.

구룡연 가는 길은 웅장하고도 아름답다. 금강산의 사계 중에서 이때가 제일 절경이 아닐까 싶다. 내린 눈은 분별력이 있다. 나목이 수줍어하는 금강산의 계곡을 눈으로 가리고 있으나, 그래도 보여줄 만한 곳은 스스럼없이 다 드러낸 개골산. 봉우리 정상의 기암괴석에는 바람에 날리고 햇볕에 씻겨 제 모습을 뽐내고, 조용한 산등성이와 골짜기에는 눈이 쌓여 있으니 바라보는 이들에게 흑백의 조화와 산세의 다양함을 드러내는 신비함과 슬기로움마저 간직하고 있는 듯하다.

세월이 흐르면 모든 것은 변한다. 변화는 두려움일 수도 있지만, 새로운 희망이다. 모든 것은 변하고 있다는 생각을 새삼 느낀다. 남북의 상황이라고 무엇이 다를까. 아직 불편하지만, 여행할 수 있다는 사실만으로도 변화의 시작이고, 뱃길이 육로로 바뀐 것도 변화이다. 북쪽의 식당에서 그들의 서비스를 받고 대화를 하며 편안하고 맛있게 음식을 먹고 있다는 사실이 얼마나 큰 변화인가. 변화는 분명한 사실이지만, 미래의 변화는 한층 빨라질 것이라는 느낌이다. 남남북녀가 대화하며 먹던 한 그릇 평양냉면의 맛이 입안에서 맴돈다.

모든 길은 열려 있어야 한다. 삼천리금수강산을 거침없이 누비던 이 땅의 호랑이는 백두대간을 종횡무진 달려야 한다. 어제는 한라산 정상에서 떠오르는 태양을 바라보고, 오늘은 삼천리 방방곡곡의 밥 짓는 냄새와 군불 지피는 저녁연기에 취해 누웠다가, 내일은 백두산 천지에서 한 움큼 성수를 들이켜며 환희의 기지개를 켜야 한다.

구룡연 가는 길이 아직은 눈길이다. 그러나 분명히 그 길도 변하고 있다.

세월의 소리

 늙을수록 비우고 버리며 살아야 한다고 한다. 나도 그 의미에 조금씩 공감하지만, 말처럼 쉬운 일은 아닌 것 같다. 살아가다 보면 쉽게 버릴 수 있는 것이 있고, 그렇게 하지 못하는 것도 있다. 또, 버리지 못하여 욕이 되는가 하면, 버리지 않아도 부끄럽지 않은 일도 있지 않겠는가.
 저울 위에 올려놓으면 오래된 가구 하나보다는 몸 한구석에 박혀 있는 상한 마음 한 조각이 훨씬 가벼울 것이지만, 그것 하나 뚝 떼어 내려놓지 못한다. 나는 아직 비우고 버려야만 행복해진다는 역설적 논리를 올바로 헤아리지 못하고, 실행하는 데에도 많이 미숙하다.
 얼마 전에 이사하면서 오랫동안 사용하던 물건들을 많이 버렸다. 수십 년을 사용했으니 버릴 때도 되었건만, 그래도 허전하고 아쉬운 것은 무엇 때문일까?

나는 신혼 초에 두 칸 셋방에서 살았다. 반년 후에 입주할 아파트를 바라보며 살았으니 어느 정도 감내할 수 있었지만, 그래도 신혼살림의 기분은 말이 아니었다. 소파는 물론이고 장롱도 없이 비닐 천에 지퍼가 달린 비키니 옷장과 이불장을 사용하였다. 그러나 다른 방에는 큰 책상 하나가 방의 절반을 차지하며 덩그렇게 자리 잡고 있었다. 옳은 가구라고는 그것밖에 없었다. 아내가 특별히 사준 것으로, 우리의 꿈이 담긴 것이었다.

20여 년이 지났지만, 아직도 그 책상을 갖고 있다. 몇 번 이사하다 보니 상처가 생기고, 서랍도 뒤틀려 잘못 맞춘 틀니처럼 사용하기에 불편했다. 아내는 몇 번이나 버리자고 했지만, 나는 쉽사리 그럴 수가 없었다.

빛바랜 책상의 상처를 볼 때마다 지난날을 기억하게 한다. 이제 저 책상은 내 꿈의 흔적이고 그리운 추억의 발자취이다. 서랍 문을 열 때마다 들려주는 지난 세월의 소리가 희로애락의 합주가 되어 내 인생 역정의 배경음악처럼 들려온다.

흑백 TV처럼 우리의 신혼살림은 화려하지 못했지만, 세월이 흐르고 삶의 색깔이 천연색으로 변해도 내 삶이 더 화려해졌다고 단언하지는 못한다. 그때가 그리운 것은 그 화면 속에 그때의 소중함이 담겨 있기 때문이다. 색상이 변하듯이 세상도 변하고 인생살이도 변하기 마련이다. 외형이 변하듯이 내면도 바뀐다. 변해야 할 것은 변하지 않고, 변하지 말아야 할 것은 잘도 변하는 것이 우리네 삶이고 세상이다.

오래된 헌 가구에서 따뜻한 정겨움이 묻어 흐르고 훈훈한 정감이 넘치는 것은 무엇 때문일까? 가구가 뿜어내며 일깨워 주는 세월의 의미를 느낄 때마다 그 속에서 나를 바라보게 되고 추억의 소리를 듣게 되는 것이다. 지금 와서 생각하니 네 모습이나 내 모습이나 크게 다를 바 없는 것 같다. 그래서 일기장 같은 너를 버리는 것은 추억 속의 나를 버리는 것처럼 아픔으로 다가오는 것이리라. 요즘 사람들은 정작 버려야 할 것은 버리지 못하면서 버리지 말아야 할 것은 잘도 버린다는 생각이 드는 것은 왜일까?

가지치기

 우수가 지났으나 아직도 바람이 차다. 그러나 포도밭 둔덕에 내려온 햇살은 제법 두툼하다. 칠순을 넘긴 농부는 벌써 밭에 나와서 부지런히 가지치기하고 있다.
 지난 연말, 고향 마을에서 연락이 왔다. 몇 년 전부터 계속 우리 포도밭을 부쳐오던 농부가 갑자기 그만두겠다고 했다. 그날도 술에 취한 목소리였다. 어눌하면서도 화를 삭이지 못한 어투로 그 이유를 장황하게 늘어놓았다. 저 농부인들 세상 돌아가는 사정을 왜 모를까 싶은 생각을 하니 그의 심정을 충분히 이해할 수는 있었다. 그러나 너무 갑작스러운 일이라 당황스러워 다른 사람을 알아봐 달라고 부탁했으나 이제는 지을 사람이 없을 거라고 했다.
 다시 그에게 간곡히 부탁하여 계속 부치는 것으로 겨우

승낙을 받았다. 작지도 않은 포도밭을 그냥 묵혀 둘 수는 없는 일이 아닌가. 고향을 떠난 나로서는 선대로부터 물려받은 전답을 아무렇게나 관리해서는 안 된다는 부담을 늘 갖고 있었다. 어쩔 수 없이, 나중에 내가 손수 관리할 수 있을 때까지 무상으로 부치라고 했다.

다만, 한 이랑만은 내가 경험 삼아 직접 지어 보겠다고 제안했다. 그리고 농약, 비료 같은 큰일은 내 몫까지 함께 도와주기로 하고, 가지치기, 꽃송이 솎기, 알 솎기 등은 내가 직접 해보기로 했다. 퇴직 후에는 이곳에서 채소밭도 가꾸고 여러 종류의 과일나무도 키우면서 전원생활을 해야겠다고 꿈꿔 오던 터라 경험 삼아 해보고 싶었다.

그는 자기가 작업해 둔 나무를 보고 적당하게 가지치기를 해보라고 말했다. 어색한 손놀림으로 몇 그루 가지치기하고 있는데, 언제 왔는지 내가 일하는 모습을 유심히 바라보고 있었다. 그는 포도나무 줄기만큼이나 굵게 주름진 이마를 더욱더 깊게 접으면서 빙긋 웃었다. 주름 속에는 한평생 흙과 생활하면서 쌓인 온갖 시름과 고난이 흠씬 배어났다. 나는 겸연쩍은 웃음을 보일 수밖에 없었다.

그는 가지를 너무 많이 남겨두지 말라고 충고했다. 그렇게 하면 포도송이 수는 많으나 열매가 잘아서 상품 가치가 떨어진다는 것이다. 그래서 제법 큰 가지까지 싹둑싹둑 잘라 보았다. 너무 앙상했다. 미라처럼 말라버린 이 줄기에서 어떻게 열매가 열릴 수 있을지 의아했다. 잘려나가 땅바닥에 널브러져 있는 가지들이 마치 직장을 잃고 기진한 노숙자의 모습을 보는 것 같았다. 나의 신중하지 못한 가위질로 혹시 쓸모 있는 가지가 잘려나가지는 않을지 한층 조심스러웠다.

어느덧 전지가위를 잡은 내 손은 또 움츠러들어 굵은 가지는 선뜻 잘라내지 못했다. 잘지만 주렁주렁 포도송이를 달고 서 있을 포도나무가 눈에 선하게 나타났다. 차라리 큰 포도송이 몇 개만 듬성듬성 달고 있는 것보다 더 나을 것 같았다. 상위 5%의 인재가 이 사회를 이끌어 간다는 엘리트의식에 대한 평소 나의 거부반응처럼, 큰 포도송이 몇 개만이 기고만장으로 뽐내며 덜렁 매달려 있는 모습이 왠지 보기 싫을 것 같았다. 좋은 상품을 만들어 팔 것도 아닌데 좀 잘면 어떨까. 잘아도 제 나름의 고유한 맛과 향은 지니고 있을 것이고, 먹다가 남으면 주르륵 훑어서 포도주라도 담그면 될 것 아닌가.

처음 일을 시작할 때, '적당하게 잘라야 한다.'는 그 농부의 말이 자꾸 머릿속에서 맴돌았다. 갈수록 전지가위를 잡은 나의 손은 더욱 주춤거렸다. 인생도 부단한 가지치기를 통해서 성숙하고 완성되어 가는 것이 아닐까 싶었다. 포도나무 가지치기도 이렇게 어려운데 인생의 가지치기야 오죽할까. 저 가지들보다 많은 나의 지난 일들을 생각하면 역시

나는 가지치기 솜씨가 부족한 것 같다.

 가지치기 작업은 어렵사리 끝났다. 오늘 나는 단순히 포도나무 가지치기만 한 것이 아니라는 생각이 들었다. 앞으로 꽃송이도 알맹이도 솎아내야 한다. 이 일도 기쁜 마음으로 할 수 있을 것 같다. 이 일 또한 단순히 꽃송이와 알맹이만 솎아내지는 않을 것이기 때문이다.

 올가을에 거둘 나의 열매가 기다려진다. 비록 상등품이 못 될지라도.

명함

"선생님, 김○○입니다. 저는 명함이 없습니다."

졸업 20주년 사은의 밤 행사에 초대되었다. 내가 담임했던 반의 제자들도 십여 명이 참석했다. 졸업 이후에 몇 번 만난 제자도 있었지만, 대부분 처음 만났다. 그들이 벌써 불혹의 나이이니, 고등학교 시절의 모습이 조금 남아 있기는 해도 쉽게 알아볼 수 없을 정도로 모습이 변해 있었다.

오랜만에 제자들을 만나고 보니, 그들이 지금 어디에서 무엇을 하며 지내는지 궁금하기도 했지만, 그보다는 학창시절의 옛 추억을 더듬기에 바빴다. 모두 정중하게 인사를 하고 명함을 주는데, 거기에는 자랑스러운 직함이 적혀 있었다. 각계에서 열심히 활동하고 있는 제자들을 보니 마음이 뿌듯하고, 내 직업에 대한 보람과 긍지를 느낄 수 있었다.

제자로서 자신의 신분을 자랑하고 싶어 하는 것은 당연한 일인데, 명함이 없다며 겸연쩍어하던 김 군과는 대비되는 상황이 되고 말았다. 김 군이 그런 말로 인사를 할 때는 내가 오히려 당황스러워 얼굴이 붉어졌다.

한창 흥겨운 분위기가 진행되고 있었지만, 불편한 마음이 쉬 사라지지 않았다. 김 군과 한참 동안 이야기를 나누다 보니, 어렵게 생활한 그간의 사정을 대강 들을 수가 있었다. 어찌 모두가 성공만 할 수 있겠는가마는, 김 군을 바라보는 내 마음은 편치 못했다.

이 자리에 참석하지 못한 제자들의 안부나 근황도 들을 수가 있었다. 그중에는 다른 일 때문에 참석하지 못한 제자도 많겠지만, 오고 싶어도 올 수 없는 제자들도 있을 것 같았다. 그들의 심정은 어떨까 싶었다. 맛있는 음식을 먹고 음악 소리가 흥겨운 이 시간에도 어떤 제자는 어느 초라한 뒷골목에서 혼자서 쓸쓸히 소주잔을 기울이고 있을지도 모른다는 생각마저 들었다. 그들도 왜 이 자리에 참석하고 싶지 않겠는가. 학창시절의 옛 친구들이 얼마나 그립고 보고 싶을까.

동기회의 모임이 명함을 남발하며 자기 자랑이나 하는 그런 자리가 되어서는 안 될 것 같았다. 꿈 많고 순수했던 학창시절로 돌아가 그 시절의 추억을 되돌아보는 것만으로도 즐겁고 행복한 일이다. 거기다가 새롭고 아름다운 추억을 다시 쌓아가는 그런 자리가 된다면 금상첨화가 아니겠는가. '옛 친구를 만났을 때, 학창 시절의 친구 집을 방문했을 때, 그가 손을 내밀기는 하되 이미 알아보려 하지 않는 듯한 태도를 취할 때.' 안톤 슈나크는 우리를 슬프게 한다고 했다.

한창 분위기가 무르익어 갈 즈음, 은사들의 소개와 인사 순서가 있었는데, 그중의 한 분이 내 마음을 더욱더 무겁게 하고 말았다. 자신은 이렇게 성공했다며 제 자랑만 잔뜩 늘어놓았다. 자랑할 것이 있다는 것은 좋은 일이고 자랑을 들을 수 있는 것도 기뻐해야 할 일이다. 그런데 그것이 나에게는 매우 거북스럽게 들렸다. 그러한 데에는 다른 이유도 있겠지만, 좀 전 김 군의 사정을 들은 뒤였기 때문에 더 과민하게 들렸을 터이다.

제자들은 어떻게 생각했는지 알 수 없지만, 이 밤에 옛 스승의 현재 직위가 무슨 의미가 있겠는가. 이 자리는 열심히 대학입시 준비를 하던 그 시절, 담임교사와 함께 밤낮으로 꿈을 키워가던 그 교실, 그 시간 속으로 되돌아가 그때의 추억 속에 젖어 들고 싶은 자리가 아닐까?

명함도 명함 나름이지만, 명함이 돈독한 인간 유대의 열쇠나 성공의 상징처럼 사용되고 있는 세상이다. 그러나 나에게는 명함이 별 소용이 없다. 특별히 드러낼 만한 사회활동을 하는 것도 아니고, 자랑할 만한 직함도 없기 때문이다.

명함도 못 내민다는 말이 있다. 수준이나 정도의 차이가 심하여 견줄 바가 못 되고 존재를 드러낼 수 없는 경우에 흔히 쓰는 말이다. 그러했다. 그날 그 자리에는 나처럼 명함도 못 내미는 제자도 적지 않았으리라는 생각이 들었다.

훗날 나에게도 명함이 필요한 날이 있을지 모르겠다. 그 전에 우선 명함을 보고 나를 찾는 사람들을 기꺼이 환대할 수 있는 마음의 준비가 필요하리라.

또 다른 방

 집에는 나 혼자뿐이다. 지금은 나만의 공간, 나만의 세계이다. 고요히 앉아 있으려니 어렴풋이 나의 또 다른 방이 보인다. 누구에게도 섣불리 내보이지 않았던 방. 나의 방에서 내가 자유롭듯이 내 또 다른 방에서도 온갖 상념이 꼬리를 물고 떠다닌다.
 창 너머에서 들려오는 빗소리가 마음을 한결 여유롭고 편안하게 해준다. 대지를 촉촉이 적시는 봄비가 나의 산행을 방해하여 청량한 솔바람도 이름 모를 야생화도 오늘은 비껴간다고 생각했던 아쉬움이 슬며시 사라진다.
 가끔은 고도에 유폐된 것 같은 철저한 고독 속으로 침잠해 들어가고 싶을 때가 있다. 지금이 그렇다. 고독을 즐기고 싶어지는 시간이다. 고독 없이는 정신적 성숙도 자아 성찰의 진리도 찾을 수 없지 않은가. 어쩌면 나는 지금 모든 생각의 고리를 완전히 끊어버린 채 아주 단순한 동물적 상태로 젖어 들고 싶은지도 모르겠다.

　잠옷 차림 그대로 침대에 비스듬히 기대어 방안을 두리번거린다. 무심히 지내왔지만, 지금 보니 참으로 복잡한 방이다. 내 마음의 방도 저럴까? 세월에 비례하여 마음도 외물도 복잡해지게 마련이다. 나이가 들면서 될 수 있으면 단순하게 살아가야겠다고 다짐하고 있지만, 그게 어디 쉬운 일이던가. 저렇게 구석구석 쌓아놓고 쉽게 버리지를 못하는 것이 내 또 다른 방과 다르지 않다.

　침대 바로 옆에는 아이 키 정도나 되는 전등이 장승처럼 우뚝 서 있다. 빛을 잃은 지 오래다. 겉모양만 화려할 뿐 제 역할에 충실하지 못하고 있다. 더러 주위를 환하게 밝혀 주어야 하지만, 그냥 제자리를 차지하고 있다. 바라보고 지켜보는 사람들의 기대에 미치지 못하는 것이 어찌 저것뿐이랴. 어쩌면 저 전등이 현재의 내 모습과 닮았을지도 모른다는 생각이 언뜻 스쳐 지난다. 나는 얼마나 내 역할을 충실히 하고 있는가? 평생을 교직에 몸담고 있으면서 아이들에게 등불이 되어 주기는 했을까? 오늘도 전등은 마냥 제자리만 지키고 서 있다.

　옆에는 긴 옷걸이가 놓여 있다. 걸려 있는 옷들이 황소 등의 봇짐처럼 무거워 보인다. 굽어질 듯하면서도 꿋꿋이

버티고 있는 모습이 무거운 보따리를 이고 장에 가던 옛날 어머니의 목덜미와 등허리만큼이나 힘겨워 보인다. 그래도 저것은 내 어머니처럼 힘든 내색 없이 묵묵히 제자리를 지키고 있다. 조금만 힘들어도 어려워하며 쉽게 살고자 하는 내 모습은 아닌 듯싶다.

장롱이 한쪽 벽면을 채우고 있다. 무병장수와 부귀영화를 기원하는 초서체 한문 어구들이 나의 심중이라도 읽고 있는 듯이 화려하게 목각 되어 있다. 겉은 번지르르 빛나고 질서정연하지만 속은 복잡하고 무질서하다. 내 삶의 흔적을 담고 있는 옷이나 소지품들이 살아온 연륜만큼 쌓여 있다.

문만 닫고 있으면 속을 알 수 없는 것이 저 장롱이나 내 마음이나 똑같다. 겉으로는 어떤 갈등이나 혼란도 없는 듯이 그냥 문을 굳게 닫고 지낼 뿐이다. 내가 열지 않으면 누구도 열어 볼 수 없다. 저 장롱이든 내 마음이든 어느 것 하나 시원스럽게 정리하지 못하는 것도 나 자신이다.

점차 복잡해지는 머릿속을 주체하지 못하며 조용히 눈을 감고 있으려니, 벽에 걸린 시계가 쉼 없이 소리를 내며 정적을 깨뜨린다. 이렇게 오랜만에 얻은 사색과 여유의 시간을 누리고 있는 나를 비웃기라도 하듯이 부지런히 움직이고 있다. 나를 빨리 이 방에서 내쫓기라도 하려는 모양인가? 세월이 인생을 따라가는지, 인생이 세월을 쫓아가는지 모를 일이다. 나이가 기울수록 시간은 나에게 서두르라고 조른다. 한때는 내가 시간을 채찍질하며 빨리 가자고 재촉하였는데 언제부턴가 시간이 내 등을 떠다밀고 있다.

인생이 단순하지 않다는 것은 모르는 바 아니지만, 생각의 깊이를 더할수록 오리무중이다. 장롱 속을 비우고 정리하는 것이야 작정만 하면 못할 것도 없으련만, 잊고 살아온 내 인생의 편린들을 새삼스레 들추어내고 정리하기가 어찌 쉽겠는가. 어쩌면 그냥 묻어 둔 채로 마냥 단순하게 살아온 지난날들이 행복했는지 모를 일이지만, 나의 또 다른 방을 새롭게 다듬질할 삶의 지혜는 진정 없을는지.

오늘은 종일토록 비가 내리고 있다.

유산遺産

 너무나 놀라운 일이었다. 나에게 이런 일이 일어난 것이 쉽게 믿어지지 않았다. 갑작스럽게 고향의 면사무소로부터 공문서 한 통이 날아든 것이다. 오십 년 전에 돌아가신 할아버지께 아무도 몰랐던 토지가 남아 있었다. 그 토지가 도로에 편입되니 토지 보상금을 찾아가라는 내용이었다.

 정신을 가다듬고 생각할수록 조상님이 고맙기 그지없었다. 그러면서도 나는 마음이 편하지 않음을 느꼈다. 어느새 내 마음의 한편에서는 잠자코 똬리를 틀고 있던 물욕이 꿈틀거리고 있음을 알았기 때문이다. 이왕에 이런 일이 있을 것이라면 로또 복권 같은 큰 횡재를 안겨 주었으면 하는 욕심이었다. 뜬금없는 횡재를 얻으니 더 큰 횡재와 분별없는 탐욕을 꿈꾸고 있었으니, 이것이 어쩌면 내 내면의 본심

일는지 모른다는 생각이 들었다.

나의 헛된 욕심은 때때로 온갖 상상의 날개를 펼치고 있었다. 이것보다 열 배, 스무 배의 큰 땅덩어리였으면 얼마나 좋을까 하는 욕심의 상상이었다. 그러나 욕심에 비례하여 걱정도 문제도 많았다. 이 땅은 나 혼자만이 모두 차지할 수 있는 것이 아니었기 때문이다. 내가 장손이지만, 법적 상속자가 수십 명이나 되니 쉽게 처리할 수 있는 문제가 결코 아니었다. 그걸 뻔히 알면서도 자꾸 욕심이 꿈틀거린다면 그게 더 큰 문제가 아닌가.

나는 아직도 많은 세속적 욕망과 단절할 만한 덕이 부족하다. 하기야 수도승의 삶이 아닌 이상, 그것은 영원히 불가능한 일일는지 모른다. 주위에서 이런 일들을 더러 보고 들어왔다. 재산 상속 문제로 집안에 큰 분란이 생기고, 친척 간에 인정이 끊어진 예도 많지 않던가. 욕심은 더 큰 욕심을 낳기 마련이다. 특히 재물에 대한 욕심은 끝이 없다고 했다. 아흔아홉 석을 쌓고서 백 석을 마저 채우지 못해 안달하는 것이 인간의 물욕이 아니던가. 그러나 분명한 사실은 지나친 욕심은 화를 부르고 재앙이 따르기 마련이라는 점이다.

만약 내가 앞의 상상처럼 더 많은 토지와 보상금을 받게 되었다면 어떠했을까? 그러나 불행인지 다행인지 그것은 사실이 아니었다. 암만 생각해봐도 소설 같은 사건이 아닐 수 없었다. 거짓말을 하려 들면 끝없이 부풀리기 마련인데, 나는 수십 배 정도로 부풀려 보면서 쉽게 씻어낼 수 없는 내 심연의 물욕을 잠시나마 드러내 보았다. 그러면서 조금이나마 나 자신의 헛된 탐욕의 망상을 다스려보고자 했던 것이다.

 상상은 즐겁고 행복한 것이다. 그러나 순리에서 벗어나게 상상을 현실로 실현하고자 한다면 그 종말에는 불행이 오는 법이다. 어디까지나 상상은 상상으로 누리고 끝낼 일이 아니던가. 실제 토지는 수백 평의 옥토가 아닌 불과 수십 평의 묘지였다. 작은 땅이고 얼마 안 되는 보상금이었지만, 나에게는 평생 잊을 수 없는 놀라운 일이 아닐 수 없었다.

 이 일은 나에게 여러 가지 문제를 던져 주었고, 조상님께서 나에게 내린 묘한 암시나 시험처럼 느껴지기도 했다. 더 큰 횡재와 탐욕에 대한 경계와 어떤 경우이든 순리를 거역하지 말아야 한다는 소중한 진리를 다시 일깨워 준 일이었다.

 난데없는 유산이 많지 않은 것이 어쩌면 다행일는지 모른다는 생각이 들었다. 나에게 이런 일이 일어난 의미와 할아버지의 진정한 뜻이 무엇일까 하는 것을 깊이 헤아려 보면서 집안의 장손인 나에게 또 다른 소중한 의무와 책임감을 부여한 것으로 생각했다.

이 일을 계기로 할아버지의 후손을 새삼 더듬어 보니 할아버지의 2남 3녀 자녀에 손자 손녀가 여러 명이었다. 내가 어릴 적 조부모님이 살아계실 때는 명절이든 아니든 고모네 가족들도 뻔질나게 우리 집으로 모여들었다. 지금 와서 생각하면 어머니께서는 힘이 드셨겠지만, 나는 그때가 좋았고 신이 났었다. 많은 일가친척이 있으나, 조부모님께서 타계하신 후 삼사십 년 동안 뿔뿔이 흩어져 살면서, 그 일부는 그동안 서로 안부조차 묻지 못하며 이웃보다 못하게 살아왔다.

　나는 할아버지의 숨은 뜻을 마음 깊이 헤아려보며 얼마 안 되는 보상금이었으나 순리대로 처리하고자 했다. '역천자逆天子는 망한다.'는 옛말을 되새기면서, 온갖 방법으로 연락을 취하여 대구와 부산으로 나누어 여러 명이 모였다. 수십 년 만에 만나는 친척들도 많았다. 마치 남북 이산가족 상봉 장면과 다를 바 없었다. 서로 얼싸안고 이름을 부르고 눈물을 흘렸다.

　나는 모임의 취지와 의미를 설명하고 이번 할아버지의 유산에 대해서도 자세히 설명하였다. 모두 하는 말이 비슷하였다. 조상님께서 우리를 한자리에 모이게 하셨다고, 옛날처럼 서로 내왕하며 살아가라고. 정겨운 얘기와 술잔이 오고 가면서 우리들의 웃음소리가 커짐에 따라 할아버지의 유산은 점점 불어나고 있었다.

연습 제1막

혼자 있고 싶을 때가 있다. 복잡한 일상에서 벗어나고 싶던 차에 마침 사흘간의 연수가 있어 경주에 왔다. 숙식도 제공되고 평가도 없으므로 부담이 없다. 근무지를 벗어난다는 것만으로도 홀가분하니 참으로 소중한 기회를 얻은 셈이다. 다행히 연수자 중에는 아는 사람이 없다.

혼자 있을 때가 드물다. 좋든 싫든 끊임없이 사람들과 만나고 부대끼며 살아간다. 가만히 있고자 할 때도 쉼 없이 휴대 전화의 벨이 울리고 문자가 날아든다. 할 일도 많고 보고 들을 것도 많은 세상에서 한 발자국 벗어나 여기서만은 오로지 나만의 세계로 빠져들고 싶었다. 외부 세계와의 단절은 일상으로부터의 해방이고 자아와의 새로운 만남일 뿐만 아니라, 자아 성찰과 내적 성숙의 기회가 되기도 한다.

여기서 덤으로 얻는 자연은 인생의 밭에 밑거름이 된다. H호텔의 창가에서 바라보는 자연경관이 매우 아름답다. 잘 다듬어진 앞뜰이 나그네의 마음을 평화롭게 한다. 호수와 주변 풍광이 하나의 화폭에 담겨 있다. 햇빛에 빛나는 보석이 수면 위에 널려 있고, 그 위로 이름 모를 새가 날아다닌다. 하늘은 푸르고 구름은 희다. 내 마음은 어느덧 구름 위에 앉아 있다.

낮 동안의 일정을 까마득히 잊은 채로 맞이하는 밤. 홀로 야경을 바라보는 시간이 길어진다. 가로등 불빛 속으로 질주하는 빛의 향연은 주말 밤의 흥분을 자아올리기에 충분하다. 어둠을 쫓는 환상적인 불꽃이 밤하늘을 수놓으며 외로운 영혼들의 시선을 한자리로 모은다.

천 년 역사의 숨결을 그리워하며 부활의 꿈을 품은 황룡사 구층탑이 화려한 자태를 뽐내고 있다. 팔십 미터가 넘는 탑의 위세가 단순한 아름다움을 넘어 거룩한 숭배심마저 움트게 한다. 나도 갑자기 하늘로 솟아오르는 불꽃처럼 가슴이 뜨거워 온다. 밖으로 나와 보문호숫가를 한참 돌고 나서야 빛의 유혹으로부터 해방될 수 있었다.

밤새 촉촉이 비가 내렸다. 가로수와 정원의 나무들도 비에 젖었다. 바람 한 점 없는 고요가 아직 이른 새벽잠을 깨우지 않았다. 나는 일찍 일어나 잠든 대지를 몰래 훔쳐본다. 하늘의 구름이 조용히 움직이고 먼 산 계곡의 운무도 기지개를 켜고 있다. 너무 성급하게 물들기 시작하는 가을빛이다. 한 노인은 잔디 위를 거닐며 잃어버린 세월을 줍고, 붉은 감은 가을을 붙잡고 있다. 밤새 제 몸을 불태운 조명등은 안식의 새벽잠에 취했다. 제 역할을 다한 모습들은 아름다움으로 남는다.

혼자서 이틀 밤을 지내면서, 일부러 모든 일상에서 멀어지려고 했다. 늘 가까이하던 TV나 신문도 완전히 멀리했다. 그렇게 해도 나에게 아무런 변화도 일어나지 않았다. 나는 그대로의 나이고, 아침은 전처럼 밝아왔다.

홀로 지낸 사흘은 나의 미래를 위한 소중한 시간이었다. 나이가 들어갈수록 홀로 감당해야 하는 시간이 늘어나기 마련이다. 이러한 시간을 내 것으로 만드는 연습이 나에게도 필요하리란 생각이 들곤 했다.

아무도 아는 사람이 없는 상태로 생활하면서, 어쩌면 이런 시간이 앞으로 닥칠 나의 삶일는지 모른다는 생각을 해보았다. 미래의 시간이 절대 짧지도 않을 뿐더러 소홀한 삶이 되어서도 안 된다. 지난 세월이 아무리 소중하고 보람 있는 삶이었다고 하더라도 현재와 미래보다 더 가치 있는 것은 아닐 것이다. 비록 퇴임 이후에 할 일이 적어지고 용기는 줄어들고 육체는 시들지라도 그 삶의 소중함은 절대 작지 않을 것이니, 조금도 소홀히 할 수는 없지 않은가?

일상과 짧은 단절이었다. 앞으로 더 긴 단절을 연습해야 할지도 모른다. 단절은 단순한 일상에서의 벗어남이라기보다 내 정체성의 회복이며 새로운 나와의 필연적 만남이다. 2박 3일, 단절 연습 제1막은 끝났다.

영혼의 숨소리

영혼의 숨소리
그래도 당신이 더 낫잖소
작은 행복
맑은 물에 눈을 씻고
시월의 그날
그때의 어머니
인생 훈장
흰 가운을 입은 아이

영혼의 숨소리

 교무실 창밖에 은행나무 세 그루가 나란히 서 있다. 크기도 같고 모양새도 흡사하다. 나는 저 나무들을 친구처럼 바라보며 늘 함께 지내왔다. 몸과 마음이 지쳐 있거나 외로움이 밀려올 때는 위로받고 마음을 가다듬었다.
 얼마 전까지만 해도 진녹색의 무성한 잎으로 건강미를 과시했던 나무들이다. 잎들이 줄기와 가지들을 모두 가려 버릴 정도로 오동통한 자태는 마치 르누아르의 '목욕하는 여인'들처럼 탐스러웠다. 조락의 계절로 접어들면서 저들은 서서히 변화의 모습을 보이기 시작했다. 그때까지는 예사로 보았다. 으레 가을이 되면 은행나무는 노랗게 물들기 마련이고, 그 화려한 모습은 많은 사람의 시선을 끌 만한 것으로 여겼다.

그런데 이게 웬일인가? 오늘 아침에 보니 갑자기 저들의 모습이 너무 많이 변해 있었다. 간밤의 비바람 탓일까? 다른 특별한 이유라도 있었을까? 같은 부모에게서 태어나고서도 가는 곳을 모른다고 슬퍼한 월명사의 향가처럼, 오는 날은 같아도 가는 날은 기약할 수 없었던가? 생사의 운명은 하늘이 정하는 것이라고 하지만, 저 나무들의 모습이 하룻밤 사이에 저렇게 변할 수가 있는지 의아스럽지 않을 수 없었다.

가운데 나무는 아직 푸른 잎이 반 정도나 남아 있는데, 오른쪽 나무는 온몸을 아주 노랗게 물들이고 있다. 그런데 왼쪽의 나무는 어떻게 된 영문인지 대부분 잎이 떨어져 버리고 몇 개의 잎만 쓸쓸히 매달려 있었다.

저들은 죽마고우로서 오래도록 희로애락을 같이하며 함께 살아가자고 굳은 약속이라도 했을 것 같은데, 이제 어찌할 것인가? 산다는 것이 어찌 뜻대로 될까마는 아마 저 왼쪽 친구에게는 그동안의 삶에 숱한 사연이 있었던 모양이다. 삶의 질곡에서 헤어나지 못해 헌신적으로 살아온 결과가 저렇게 비통한 병든 몸이 된 것인가? 그런 몸으로 남몰래 고독과 비애를 가슴에 담고 죽음에 맞서 싸우면서 얼마나 괴로워했을지 모를 일이다. 아니면, 저렇게 요절의 운명을 짊어진 상태에서도 끝까지 담담한 미소를 잃지 않으면서 최선의 삶을 다한 지난 삶이었기에 회한은 없노라고 눈물겨운 자기 위안이라도 하고 있었을까? 그래서 생의 마지막 순간까지도 자신의 역할을 다하고자 그토록 제 몸을 아름답게 단장하고 환한 미소를 짓고 있었나 보다.

오늘 저 나무들을 바라보면서 이 학교에서 오랫동안 함께 근무하다가 요절한 박 선생과 최 선생이 생각났다. 나는 두 친구와 각별한 사이였다. 박 선생은 같은 계원으로서 부부가 자주 만나 돈독한 정을 나누던 친구였고, 최 선생은 고향 친구로서 중학교 때 같은 반 옆 짝이었다. 박 선생이 이 세상을 떠난 지도 십 년이나 되었고, 최 선생은 삼 년이 지났다.

'박 선생.' 다시 불러 보고 싶은 정겨운 이름이다. 성품이 여유롭고 온화하여 벗들과 어울리기를 좋아했다. 학문의 깊이까지 갖추어 대학 강의도 하였고, 나중에는 학교를 그만두고 사업가로서도 열심히 살았다. 운명인지 악연인지 모르겠으나 조카의 사업에 동참하지 않았더라면 그렇게 건강을 해치지는 않았을는지. 깊은 내막이야 알 수 없지만, 친구들에게까지 말 못 할 사업상의 갈등이나 어려움이 왜 없었을까. 우리 곁을 떠나고 난 뒤에야 해본 친구들의 회한이 서린 푸념이었다. 오랫동안 병마와 싸우면서도 항상 의연함을 잃지 않았던 그 모습이 지금도 눈에 선하여 내 마음을 저민다.

처음 병문안을 하러 갔을 때였다. 며칠 전 우리 계모임이 있었던 날을 기억하면서, '그때 무리하게 밤늦게까지 놀았기 때문에 병을 일찍 발견하게 되어서 오히려 다행'이라고 했던 그의 말이 지금까지도 내 기억에 생생하다. 다행이라는 그 말이 영원한 작별로 이어질 줄을 그때 어찌 상상이나 했겠는가.

이제 겨우 중학생이 된 아들과 초등학생 딸의 손을 꼭 잡고서 숨을 가빠 몰아쉬며 온갖 이야기를 여러 날 동안 했다고 하니, 그때는 이미 자신의 갈 길을 예견하고서 흐르는 피눈물을 안으로 안으로만 삼키고 있었으리라. 어린 자식들의 앞날을 걱정하며 초롱초롱한 눈망울을 바라보았을 아비의 그 심정을 생각하니 더는 말을 이을 수가 없다.

최 선생은 어질고 소탈하였으며 술을 좋아했다. 자신은 웃지도 않으면서 주위 사람들을 박장대소하게 하는 유머가 뛰어났다. 간의 악성 수치가 높아진 것을 알고부터 팔공산 봉우리마다 오르며 건강을 되찾기 위해 피나는 노력을 다했다. 그렇게 혼자 등산하는 것을 처음엔 친구들도 몰랐다. 부실한 몸을 움직이려면 가까운 친구들에게라도 동행하자고 했으련만, 말없이 혼자서 이산 저산을 오르내릴 때의 그 심정은 어떠했을까? 나날이 엄습해 오는 죽음과의 고독한 싸움보다 더 큰 고통이 어디 있을 것이며, 회복을 보장할 수 없는 시시각각의 공포야말로 전율보다 가혹하였으리라. 결국, 성산의 정기로도 한 생명을 보듬어 안기에는 역부족이었다.

　최후의 수단으로 효성스러운 자식의 몸까지 나누어 가졌지만, 비통하게도 하늘의 뜻을 되돌릴 수는 없었다. 이식수술을 한 뒤, '요즘은 의술이 발달하여 수술이 성공할 확률이 매우 높다.'라며, 안으로만 말려드는 숨소리로 겨우 설명하면서 밝은 표정을 짓던 그 모습을 아직도 잊을 수가 없다.

　나는 은행나무들을 한참 동안 멀거니 쳐다보았다. 겨울이 지나고 새봄이 돌아오면 저 나무들은 다시 활기찬 모습으로 새 삶을 시작하련만, 한번 떠난 친구는 영원히 내 곁으로 돌아올 수가 없다. 그러나 어찌할 것인가. 생사의 문제는 하늘의 이법인 것을. 아직 푸르고 노란 잎을 힘차게 너풀거리고 있는 저 나무도 영원히 아름다운 모습을 자랑할 수는 없을 것이다. 다만, 삶의 거리가 조금 다를 뿐인 것을.

　가을바람 속에서 햇살을 담뿍 받는 은행잎이 오늘따라 더욱 밝은 빛으로 고귀한 생명의 날갯짓을 하고 있다. 노란 은행잎이 지난해에도 저렇게 아름다웠던가? 쉬 눈을 뗄 수가 없다. 창문을 활짝 열어보아야겠다. 그러면 먼저 간 친구의 영혼의 숨소리라도 들려오려나?

그래도 당신이 더 낫잖소

"세월을 낚고 있어요."

나의 인사에 대한 그의 대답이다. 고향에 다녀오는 길에 마을 뒤에 있는 못에서 호젓하게 낚싯대를 드리우고 있는 한 사람을 보고 차에서 내렸다. 그분과 한마디 인사를 나누면서도 나의 시선은 주변의 산과 들판을 향하고 있었다. 고향은 곳곳이 추억의 장소이다. 어디를 봐도 지난날의 흔적이 숨어 있는 곳이다.

이제 내 고향은 옛날의 고향이 아니다. 가끔 가긴 하지만, 옛날과 같은 정겨움은 없고 왠지 서먹서먹하기만 하다. 부치던 농토라도 없다면 발길을 끊어야 할 지경이 되었다. 그래도 고향의 문턱은 벗어날 수 없었던지 자꾸만 마을 쪽을 되돌아보게 되더니 기어이 못 가에서 머무르고 있다.

도시 인근이다 보니 고향 사람들은 대부분 객지로 떠나고 마을에는 외지인이 대부분이다. 양옥들이 늘어났고 뒹굴고 뛰놀던 뒷산 언덕바지에 전원주택들이 줄지어 자리 잡았다. 콩 심고 고구마 캐던 밭에는 공장이나 대규모 축산 농가들이 들어섰다.

이제 아무 집에나 불쑥 들어가도 반겨주던 그런 고향마을은 아니다. 내가 살던 고향이건만, 어느새 이방인이 된 기분이다. 길거리에는 낯선 사람들만 오갈 뿐, 따뜻하게 손 잡고 인사를 나눌 사람도 별로 없다. 마치 내가 도회지에서 찾아온 부동산 투기꾼이라도 되는 것처럼 힐끗힐끗 쳐다보기만 한다.

낚시를 하는 그는 여느 낚시꾼과는 좀 달라 보였다. 차림새나 고급 승용차가 더욱 그런 생각을 하게 했다. 그의 말대로 그냥 세월만 보내고 있는 사람은 아닌 것 같았다. 한마디 인사를 나누고는 한참 동안 서로 말이 없다가 그가 먼저 말을 걸어왔다. 내가 이곳에 사는 사람인지, 다니러 온 사람인지 궁금했던 모양이었다. 지금은 살지 않는 고향이지만, 수년 전까지만 해도 조용한 시골 마을이었다며 옛날의 정경을 덧붙여 설명했다. 그러면서 나도 그가 이곳에 낚시하러 자주 오는지, 고기는 잘 잡히는지 물어보았다.

"대어를 줄줄이 낚아 올릴 때도 있었지요."

이 작은 못에 큰 고기가 있을까 하는 의아심을 가지면서 어쩐지 그의 말이 심상찮게 들려왔다. 조용히 허리를 굽히고 앉아 있던 그가 그 말을 하는 순간에는 표정이 달라지면서 갑자기 허리를 쭉 펴고 앉았다. 그의 말에는 단순히 물고기만을 두고 한 말은 아닌 듯싶었다.

우리는 주로 농촌과 농민들에 관하여 대화를 나누었다. 처음과는 달리 매우 친근하게 나를 대하면서 나에 대해서도 이것저것 물어왔다. 여러 가지 대화를 하다 보니, 최근에는 농토에 대한 임대료를 거의 받지 못하고 있다는 말까지 하게 되었다. 그는 불만 투의 내 말에 대해서는 전혀 대꾸하지 않더니 갑자기 자신의 지난 이야기를 끄집어내었다.

그는 수년 전까지만 해도 직접 기업을 경영하였다. 의욕과 욕심으로 열심히 노력하여 규모를 크게 키운 기업주였다. 애써 담담하게 얘기하려는 듯 보였으나 어느 순간 표정이 상기되고 목소리가 높아지는 듯하더니, 하던 말을 멈추고 다시 낚시 이야기로 화제를 돌려버렸다. 지난 일을 다시금 되새기고 싶지 않은 눈치였다.

"잡았던 고기를 몽땅 잃은 적도 있어요."

그는 한참 동안 잠자코 있었다. 그때 나는 무엇에 홀린 듯이 못 건너편을 바라보고 있었다. 건너편 못 가의 장성한 소나무들은 옛날 그 자리를 그대로 지키고 있었다. 옛날에는 저 소나무에 해마다 황새가 둥지를 틀었다. 마을 사람들은 황새를 멀리서 바라만 보았을 뿐, 누구도 해코지한다거나 쫓으려 하지 않았다. 마을 어른들은 황새 똥을 머리에 맞으면 머리털이 빠진다며 황새가 있는 나무 밑에는 절대로 가지 못하게 했다. 그것이 사실인지는 모르지만, 지금 생각하면 마을 어른들도 황새를 길조나 영물로 여기며 보호하고자 했던 것이 아닐까 싶다.

이곳에는 소 먹이러 자주 왔다. 소를 산에다 몰아놓고 이 못에서 물놀이를 하면서 놀았다. 못 옆의 소나무는 낙락장송이 되었지만, 고향을 떠난 마을 사람들처럼 황새들은 날아오지 않은 지 오래되었다. 어렸을 때는 조용하고 평화로운 농촌이었는데, 지금은 도시 사람들이 많이 와서 살고 다른 시설이 들어와 예전만 못하다고 했다.

그는 사람이든 무엇이든 늘 한결같을 수는 없지 않으냐고 하며 자신의 지난 일을 언급했다. 좀 전의 이야기를 다시 이었지만, 몇 마디로 끝냈다. 임대료와 관련된 나의 불만에 대한 대답처럼 들렸다. 그의 사업은 한때 번창했으나 노사분규로 시련을 겪었고, 설상가상으로 큰아들이 교통사고로 세상을 떠났으며, 그도 쓰러져 병원에 입원하게 되었다는 것이다. 우리가 한참 동안 이야기를 하는 동안에도 못의 고기는 전혀 입질하지 않았다.

"고기는 많이 잡아서 뭘 하겠어요."

그는 회사를 둘째 아들에게 맡기고 자신은 경영 일선에

서 물러났다. 큰아들의 사고사와 자신이 병고를 겪으면서 많은 생각을 하게 되었다고 했다. 그것이 그의 인생의 전환점이 되었던 것 같았다. 이런저런 대화 중에 흘러나온 몇 마디의 지난 이야기였지만, 이제는 승화된 감정의 표현처럼 거리낌이 없어 보였다. 그때부터 낚시하면서 새로운 인생을 낚고 싶었을는지 모른다는 생각이 들었다.

그의 표정은 아주 편안해 보였다. 그의 얼굴을 보면서 내가 조금 전에 임대료에 불만을 말한 것이 부끄러웠다. 그는 차에서 시원한 캔 음료수 두 개를 가져와서 하나를 권하면서 빙긋이 웃었다. 그의 미소가 교훈처럼 다가왔다. 그러면서 요즘 시골 사람들도 만만찮지만, 그들의 생활이 갈수록 힘들다면서, 고향이 아무리 많이 변했어도 마음속에 담겨 있는 고향은 변함이 없지 않으냐고 말했다.

"그래도 당신이 더 낫잖소."

이야기 끝에 툭 던지는 이 한마디가 그렇게 푸근하게 들릴 수가 없었다. 그의 말을 가슴에 담으면서 나는 한참 동안 못 건너편을 바라보고 있었다. 가볍게 너울거리는 물결 속에 비치는 낙락장송은 우쭐우쭐 춤을 추는데, 갑자기 황새 두어 마리가 그 옛날처럼 한가로이 날갯짓을 하는 듯했다.

작은 행복

 나는 작은 사람이다. 호연지기가 부족하고 높은 지위와 명예를 얻지 못했으니 큰 사람이라 할 수 없다. 언제부터인가 스스로 부족함이 많다는 것을 느끼면서 나는 점점 더 작아지기 시작했다.
 작은 사람은 작은 행복에 만족해야 한다. 그래서 그런지 살아갈수록 작은 것에 감동할 때가 많다. 귀찮을 정도로 많은 각종 모임의 안내 통지보다는 문득 걸려온 친구의 안부 전화 한 통화에 고마움과 행복을 느낀다. 넘치는 음식으로 배를 거북하게 하는 식사 자리보다는 가까운 친구들과 따뜻한 칼국수에 소주잔을 주고받는 그 자리가 더 정겹다.
 나는 평범한 보통 사람이다. 평범함이 비범함보다, 보통 사람이 특별한 사람보다 덜 행복한 것은 아닐 것이다. 이러한 나의 믿음이 비록 객관적인 가치가 못 될지라도 스스로 그렇게 생각하며 삶의 지표로 삼는다면 그것은 나의 행복한 가치가 될 수 있다고 믿는다.

다시 생각해보면, 나에게도 행복의 열매가 적지 않게 열려 있다. 이 나이가 되도록 직업을 갖고 하루하루를 보낼 수 있는 것만도 다행한 일이고, 비록 뽐낼 만한 명성을 얻지 못하고 호화로운 생활이 아니더라도 기본적인 의식주는 해결되니 그것으로 만족할 일이다.

두 손발이 멀쩡하고 아직은 정신이 그다지 흐리지 않으니 컴퓨터 앞에 앉아서 글쓰기를 재미로 삼고, 가끔 산에 오르고 푸른 초원을 밟으며 자연과 함께하고 있으니 얼마나 즐거운 일인가. 게다가 두 눈과 귀가 밝아 유익한 글을 읽으며 마음의 양식까지 채울 수 있고, 좋아하는 가수의 노래를 듣고 부르며, 뮤지컬 「노트러담 드 파리」를 보며 에스메랄다의 감미로운 목소리와 꼽추 콰지모도의 비련 절규를 들으며 그 감동을 전율처럼 체감할 수 있으니 얼마나 큰 행복인가. 어찌 이뿐이랴, 작은 것일망정 내 생활의 많은 부분이 행복한 삶임을 생각하면 그것이 바로 행복이 아닐까.

큰 행복만을 좇는 것은 삶을 불행하게 하는 근본 원인이다. 이것에는 타인을 돌아보지 못하게 하는 검은 차광막으로 가려져 있다. 나 또한 오랜 세월 그렇게 흘려 정신없이 달려오다 보니 세월의 소중함도 작은 행복도 받아들이지 못한 채 흘려보냈다. 이렇게 살아오면서 뒤늦게야 너나없이 자조와 한탄이 섞인 한숨을 내쉬며 깨닫는 공통분모가 진정한 행복의 의미를 잊고 살아온 세월이 너무나 빠르게 흘러가 버렸다는 것이다.

인생이란 시행착오의 연속과정이고, 아무리 설쳐대어도 부처님 손바닥 안이라는 말처럼 너무나 미약한 존재일는지 모른다. 하루살이를 가엾게 여기는 인간이 어쩌면 하루살이의 삶과 크게 다를 바 없는 일이 아닌가. 작은 행복도 큰 행복처럼 느낄 수 있는 것은 행복의 양을 늘리는 길이고 삶의 의미를 깊게 하는 방법이다. 작은 행복의 수는 큰 행복의 수보다 훨씬 많을 것이고, 작은 행복도 큰 행복에 비하여 작을 따름이지 큰 행복을 버리고 나면 작은 행복도 큰 행복으로 다가오기 마련이다.

쉽게 알 수도 없고 뜻대로 이룰 수 없는 것이 인생살이라고 하지만, 오늘의 소중한 시간 속에서 얻는 아주 작은 행복이라도 흔쾌하고 고귀하게 맞이해야 하리라. 오늘이 내 인생에서 가장 소중하고 행복한 날임이 틀림없다.

맑은 물에 눈을 씻고

 어느 대통령이 이임 기자 회견에서 지도자가 갖추어야 할 요건으로 건강, 결단력, 신뢰감 등을 꼽았다. 어느 것 하나 중요하지 않은 것이 없으니 대통령에게 휴식과 재충전은 필수적이고 조용한 가운데 사색을 할 수 있는 아늑한 휴양시설 또한 필요할 것이다.
 나는 단체의 일원으로 지난가을에 이어 또 청남대를 찾았다. 지난가을의 고운 단풍과 이 여름의 녹음 속을 거닐면서 아름답게 잘 다듬어진 풍광에 놀라지 않을 수 없었다. 참으로 좋은 자리라는 생각이 들었는데, 역시 천하명당 자리라고 설명한다. 일찍이 원효대사가 이곳의 지형을 둘러보고 장차 세 개의 호수가 생길 것이며 임금이 머무는 나라의 중심이 될 것이라고 예언했다고 하니, 천 년이 지난 뒤에야 그 예언이 이루어진 셈인가.

1980년, 대통령의 새로운 별장 건립에 대한 지시에 따라 불과 6개월 만에 완공했지만, 어느 한곳 부족한 데가 없을 정도이니, 우리의 귀한 장병들이 밤낮으로 땀 흘리며 일했으리라.

휴양 중에도 항상 국정을 수행할 수 있는 시설을 갖추었으며, 국가 일급 경호 시설로서 4중의 철책이 설치되어 있다. 나는 이 철책을 바라보면서 휴전선 철책은 몇 겹으로 설치되어 있는지가 궁금했다.

본관에 이르는 길가에는 반송 수십 그루와 다양한 정원수가 로마 황제의 근위병처럼 화려하면서도 호기만장하게 서 있다. 역시 국민을 위해 불철주야 애쓰는 대통령의 휴양처답게 잘도 꾸며 놓았다. 이곳을 건립한 대통령은 이 정원을 거닐면서, 그해의 봄을 되새기며 당시의 용기 있는 결단이 구국적인 판단이었다고 흐뭇한 미소를 머금었을지도 모를 일이다.

본관 앞에는 헬기 두 대가 동시에 이착륙할 수 있을 정도로 넓은 잔디밭이 보기 좋게 펼쳐져 있다. 이곳에서 어르신들은 심신의 건강을 위해서 여러 가지 운동을 하며 복잡한 과거사와 하찮은 민심을 송두리째 잊으려고 하였을까?

대통령 가족들의 산책 코스로 가장 사랑을 받은 오각정은 많은 숲과 야생화가 어우러져 삼림욕에 적합하고, 낮에는 호수와 산을, 밤에는 달구경과 영손들의 재롱을 보던 청남대 제일경이다. 푸른 숲을 가르며 호수에서 불어오는 시원한 바람이 나그네의 옷자락을 흔들고 있으나, 정자 위로 밀려드는 세찬 바람은 시원하다 못해 한때의 칼바람처럼 싸늘하다.

옛날 힘없고 이름 없는 백성에게 애국적 법질서를 명분으로 총칼을 휘둘러 대었듯이, 있는 힘을 다하여 테니스공을 휘어 치며 흘린 땀방울은 주변에 열대식물을 심어 남국의 정취를 흠씬 느끼게 하는 수영장의 맑은 물에 흔적을 감추었다. 지난날 뜻을 같이한 사람들이 모여 스스로 구국적 결단으로 이룩한 이 나라를 생각하며 함께 피웠던 웃음꽃은 아직도 잔물결을 일으키고 있었다.

자랑스러운 이 땅의 한 지도자는 국민의 부귀영화와 태평성대를 위하여 충직한 국민에게 전가부좌全跏趺坐로 신령 전에 빌게 하여 집집이 전가지보傳家之寶를 대대로 전하고자 하였으니, 그것이 전지전능全知全能한 지도자 '본인'의 깊은 뜻이었다. 그 뒤를 이은 또 다른 지도자는 노심초사勞心焦思하며 노적露積가리를 쌓게 하고자 하였으니, 그것이 '보통사람'의 위대함이었을까? 그 덕분인지 그것도 부족하였던지 알 수 없으나, 노구老軀를 이끌고 인적 뜸한 산사와 보통사람들의 접근이 금지된 선방에서 오래도록 공덕을 쌓지 않았던가. 그러다가 더러 속세의 옛 추억이 그리울 때면 속주머니에 깊숙이 감추어 둔 이십구만 전도錢刀만 잡고 노니면서 신비로운 미소를 짓고 있었을 것이다.

이 나라는 생각할수록 불가사의不可思議한 점이 적잖다는 생각을 감출 길이 없다. 세계지도를 펼쳐 두고 이 땅을 찾아보려고 모래밭에서 바늘 찾듯이 샅샅이 헤매어도 희미해진 노안으로는 쉽게 보이지 않더니, 짚었던 손을 떼니 '대한민국' 네 글자가 내 새끼손가락 밑에 숨어 있지 않은가. 반갑고 기쁜 마음에 더욱 다잡고 보았더니, 가엾게도 허리에는 붉은 포승줄을 둘렀다. 그 안에서 비명횡사非命橫死하거나 영어囹圄의 몸이 된 각하閣下들이 각축하며 살아왔다.

이런 와중에도 이 나라가 세계 10위권의 경제 대국이 되었으니, 어찌 불가해의 현실이 아니고 무엇이랴. 이 땅의 성실하고 지혜로운 백성들은 지도자를 믿다가, 속다가, 그리고 버렸다. 어느 지도자도 온전하게 존숭 받지 못했다는 사실은 우리 역사의 아픔이다. 우리는 이 아픔이 각혈咯血이 아닌 마지막 진통陣痛이기를 언제까지 기다리며 살아야 할까?

옛날 요임금의 신하인 허유는 임금의 자리를 물려주겠다는 말을 듣고 귀를 더럽혔다고 하여 영수에 귀를 씻었고, 그의 친구 소부는 그 물을 망아지에게도 먹이지 않았다는데, 나는 이곳을 뜻하지 않게 두 번씩이나 찾아와 보지 않아야 할 것을 보고 말았으니, 대청호의 맑은 물에 눈이라도 씻고 돌아가야 하련만, 그렇게 하지 못했다.

시월의 그날

　찬바람이 옷자락을 흔들어댄다. 이런 추위에 야영할 수 있을지 걱정이다. 입산 초입에서 화려한 옷차림의 가로수들이 마중할 때와는 상황이 딴판이다.
　팔공산에서 학생들과 함께하는 시월의 야영. 처음 차에서 내릴 때의 을씨년스러운 분위기와는 달리, 설영하는 학생들은 잔뜩 기대에 부풀어 활기차다. 나도 사흘 동안 지낼 보금자리를 만들면서 어느새 추위 걱정은 잊은 채 설렘과 흥분으로 들떠 있다. 이런 자신을 생각하니 저절로 웃음이 나오면서도 한편으론 얼마나 다행한 일인가도 싶다.
　설영을 마치고 주위를 둘러보니 나는 어느새 대자연의 품속에 포근히 안겨 있다. 성산의 정기가 내 몸속으로 서서히 스며드는 기분이다. 야영장 주변의 가로수들이 제일 먼

저 붉은 포도주에 취해 두 팔을 벌리고 덩실덩실 춤을 추고 있다. 산중턱까지 내려온 단풍은 적강신선이 되어 도포 자락을 휘날리며 머잖아 한바탕 흐드러지게 잔치를 벌일 준비를 서두른다. 산자락에 그림자가 드리워지기 시작하니 선홍빛 단풍은 검붉은 빛으로 변해 간다.

한참 동안 주변의 풍광을 바라보며 감탄하고 있던 때에 날아온 문우의 전화가 더욱더 반갑다. 내 마음은 이미 구만리장공으로 오르는 선학이 되어 있었기에 그에게 산속 풍경을 설명하기에 바빴다. 어느덧 두 사람의 문정은 단풍잎처럼 붉게 물들고 있었다. 그대가 지금 여기에 있다면 석양과 어우러진 이 멋진 시월의 산경을 그냥 보고만 있지는 못할 것이고, 그대의 웅장하고 세련된 필력은 기필코 한 편의 걸작을 탄생시키고도 남을 것이라며 우리는 한바탕 웃었다.

어떤 문장가라도 이 아름다운 산속 풍광을 다 그려내지는 못할 것이 아닌가. 내가 뛰어난 언어의 연금술사가 되어 이 아름다운 세계에 걸맞게 멋들어지게 표현할 수 있으면 얼마나 좋을까 싶은 생각을 하며 다시금 부족한 자신을 한탄하지 않을 수 없다.

동서고금을 통하여 얼마나 많은 문인 묵객이 대자연의 아름다움을 바라보며 환열과 감탄의 노래를 읊었을까마는, 부족함을 아는 나도 이 순간만은 그냥 지나칠 수 없는 표현

욕구를 억제하지 못한다.

밤이 깊어서야 나는 텐트 속으로 들어와 누웠다. 첫추위가 몰려온다는 기상 예보에 따라 단단히 방한 준비를 했지만, 세찬 바람 때문에 나를 보호해야 할 집이 통째로 날아갈 것 같다. 코끝까지 밀려온 찬 기운은 그래도 견딜만하지만, 나는 쉬 잠을 이룰 수가 없다. 아마 성산의 주인은 나를 가만히 두지는 않을 모양이다. 약간의 술기운마저 내 정서에 일조한 탓일까. 다시 밖으로 나오니 바람은 여전히 세차게 불고 있다. 시월 중순의 날씨치고는 너무도 싸늘하나, 그래도 한겨울의 한기와는 사뭇 다르다. 오히려 나에겐 열기 띤 몸을 식혀 주기에 알맞고 상쾌한 느낌이다.

별들은 오로지 나만을 응시하고 있다. 이러한 별밤의 분위기에 젖어 본 지가 얼마 만인가? 어릴 적 시골집 마당에 놓인 살평상에 누워, 보고 또 보며 마냥 좋아했던 그 별들을 여기서 오랜만에 만난다.

세월이 흐르고 인생은 변해도 신비로운 저 별들의 세계는 세속의 변화와는 아랑곳없이 옛 모습 그대로다. 저 세계는 어찌하여 저렇게도 평화롭고 질서 있게 보일까. 창조주의 무한 질서의 법칙을 인생세간의 규범으로 이끌어 올 수는 없을까. 이것이 비록 허황한 상상일지라도 그 신비로운 힘으로 비극적 갈등으로 얼룩진 인간 세상의 난제들을 모두 씻어버렸으면 좋겠다는 생각이 순간적으로 들었으나 얼른 떨쳐버렸다. 이 아름다운 밤을 망쳐놓고 싶지 않았음이다.

현재가 행복하면 추억도 아름답고 상상도 즐거운 법이다. 잊고 살았던 사람들이 이 별밭으로 찾아와 다시 만난다. 지난 추억들이 어찌 모두 아름답기만 하랴마는, 이 별빛 속의 추억은 모든 것이 아름답게만 느껴지니 묘한 일이 아닐 수 없다.

20여 년 전, 우리 세 사람은 며칠 동안 야영했다. 나는 두 사람의 제안으로 어쩌다가 동행하게 되었으나 두 아가씨의 보호자 역할도 겸한 셈이었다. 그때는 콘도나 펜션을 이용하기도 어려웠고, 더군다나 여자들끼리 야영하기는 더욱더 쉽지 않았다. 또한, 텐트도 흔하지 않던 때였기 때문에 우리는 하나의 텐트 속에서 함께 지냈다.

낮 동안 여행으로 피로가 컸지만, 밤이 늦도록 별들과 반딧불을 바라보며 풀벌레와 파도 소리의 혼성합창을 들었고, 어설픈 내 기타 반주에 맞추어 노래를 부르며 시간 가는 줄을 몰랐다. 그때 나는 별들의 질서 속에서 어쩌면 또 다른 '별' 속의 목동이 되어 있었을까. 추억은 아름답고 인연은 더욱 소중하다. 그 인연이 지금까지 이어질 줄을 그때 어찌 알았으랴.

자정이 훨씬 지난 시각이다. 한동안 시끌벅적 떠들어대던 학생들도 모두 별들과 함께 고이 잠든 모양이다. 오로지

바람 소리만 자연의 생명력을 느끼게 한다. 나는 지금 완전히 자연의 포로가 되어 있다. 성산의 맑은 기운이 내 마음을 환하게 밝혀 주고 있다. 그 옛날처럼 문아풍류에 젖어 있는 이 밤, 팔공산 자락의 텐트 속에서 이렇게 글을 쓰는 것도 여간 행복하지 않다. 쉽게 잠을 이루지 못할 아름다운 밤이다.

그때의 어머니

 마을의 공원에도 가을빛이 완연하다. 단풍잎은 진달래꽃처럼 그리움을 머금고 있다. 오늘은 가을과 단풍이 나를 불러내었지만, 전에도 어머니의 흔적을 더듬어 찾아오곤 했다. 공원에는 어디에나 두 사람이 앉는 벤치가 놓여 있음을 새삼스레 느끼며 혼자 앉았다.
 건너편 자리에는 두 노인이 다정히 얘기를 나누고 있었다. 참으로 행복해 보이는 노부부라고 생각했으나, 잠시 후에 보니 그들은 부부가 아닌 듯했다. 안노인의 다소곳한 자태와 밝은 미소가 아름다웠다. 청춘 남녀 못잖게 보기 좋은 정경이었다.
 나는 그분들이 그냥 친구라도 좋고 또 다른 어떤 관계라도 괜찮을 것 같았다. 두 노인의 뒤에는 단풍잎이 수줍은 듯 연붉은색으로 물들어가고, 옆에는 노란 은행잎이 더욱 더 활기차게 나풀거리며 오랫동안 가슴속에 묻어 두었던 정감이 어린 색조를 뿜어내고 있었다. 나는 좀 더 먼 곳으로 자리를 옮겨 앉았다.

이 공원은 몇 년 전에 타계하신 어머니께서 자주 이용한 곳이다. 특히 여름날 해 질 무렵이면 혼자 조용히 앉아 계시곤 하였다. 다른 사람들과 어울려 노는 것도 좋아하지 않으셨는지 홀로 앉아서 염주만 돌리고 계셨다. 나도 가끔 여기서 어머니와 얘기를 나누다가 집으로 들어가곤 하였다. 아직도 그때 어머니가 왜 그렇게 혼자 계시기를 좋아하고 낯선 사람들과 가까이하지 않으셨는지 확실히 알지 못한다. 일가친지들에게는 그렇게도 다정다감했던 것을 생각하면 쉽게 이해되지 않는다.

어머니는 내가 결혼한 이후부터 농사를 그만두고 우리와 함께 생활하게 되었는데, 그때 어머니는 지금의 내 나이와 똑같았다. 어머니는 손자 돌보고 집안 살림을 도맡아 하면서 별로 바깥출입을 하지 않으셨다. 가끔 절에 다녀오는 것 외에는 집에서 종일토록 불경을 외는 것이 거의 전부였다.

그런데 지금 나 자신을 노인이라고 생각지 않으면서 그때의 어머니를 노인으로 대했던 것 같다. 어머니는 늘 혼자 집에 계셨지만, 적적하고 외로우리라고는 전혀 생각하지 못했다. 어머니인들 왜 외롭고 쓸쓸하지 않으셨을까. 그때의 어머니 나이가 되고서야 비로소 당신의 마음을 조금씩 헤아려보게 되다니…….

　어쩌면 당신께서는 이미 고독한 삶이 숙명처럼 습관화되어 있었는지도 모를 일이다. 시부모 밑에서 홀로 남매를 키우며 인고와 고독 속에서 평생을 살아온 어머니. 누가, 무엇이 당신의 삶을 가로막았는지 알 수 없으나 어린 남매가 희망의 생명줄이었을까? 사회의 관습이 아예 모든 것을 동여매었을까? 아니면 당신에게 내려진 효부상이 끝까지 인생의 올가미가 되어 당신을 더욱 옭아매고 있었을까? 지난 시대의 열녀문에 얽힌 전설이 현대를 산 당신의 삶이 되었을지도 모를 일이라고 생각한다면, 당신의 삶에 누가 되지는 않을는지 두렵고 조심스럽다.

　다정한 두 노인의 모습을 보면서 다시 생각난 어머니는 저 노인들과는 너무나 다른 삶이었다는 생각이 들었다. 평생토록 의연하게 사신 당신의 삶을 옳게 이해하지 못하고 있는 못난 자식의 세속적인 관념일는지 모르나 그런 잣대는 접어 두고라도, 그래도 당신의 삶이 얼마나 외롭고 쓸쓸하였을까 하는 것을 뒤늦게 조금씩 깨닫게 된 것은 순박함을 지나서 미련하고 우매했다고 아니할 수 없다. 어머니와 자주 대화를 나누지 못하고 더욱더 따뜻하게 위로해 드리지 못한 나 자신이 원망스러울 따름이다.

　어머니께서는 경제적인 여유와 손자들의 재롱 속에서 생

활에 매우 만족해하시면서 언제나 평온해 보였다. 나는 어리석게도 그것이 전부인 것으로만 생각했었다. 나는 지금도 진정한 행복이 무엇인지 잘 알지 못하지만, 내 행복의 척도가 다른 사람들에게도 똑같이 적용되지는 않으며, 나의 눈으로 남의 행복을 가늠해서도 안 된다는 것을 깨달으며 후회하고 있다.

공원 속의 두 노인은 오래도록 함께 시간을 보내고 있었다. 저녁노을에 어우러져 곱게 물든 단풍잎은 두 노인에게 축복의 메시지라도 전하듯 반짝이며 흔들거리고, 어머니를 향한 내 마음은 그리움의 바다가 되어 일렁거리고 있었다.

그때 어머니는 지금 내 나이와 같았다.

인생 훈장

 올해도 졸업생 앨범용 사진을 촬영하였다. 며칠 후에 사진을 몇 장씩 받았다. 주변의 동료가 각자의 사진을 보며 저마다 한마디씩 하는 말이 모두 불만스러운 표현이었다.
 "내 인상이 이래?"
 "눈은 왜 이렇게 찌부러졌어?"
 "주름살이 이렇게 많아?"
 나도 사진을 한참 바라보았다. 물론 만족스럽지 못했다. 머리숱이 엉성해지니 이마는 갈수록 넓어지고, 눈꺼풀은 해동기解凍期 산기슭에 흙이 무너지듯 밑으로 내려오니 눈은 작아지면서 뚜렷하던 쌍꺼풀도 숨어 버렸다. 두 볼에 흐르는 빛은 희미하고, 둥근 볼우물은 이젠 매력을 잃고, 볼우물이었는지 깊은 주름살인지 분간이 가지 않는다.

젊은 시절의 앨범 사진과는 완전 딴판이다. 그때는 장발 시대였다. 숱 많고 윤기 나는 머리칼을 이리저리 바람에 흩날리며 양손을 빗 삼아 마음껏 쓸어 넘겼다. 나름대로 매력을 찾아가며 우쭐대지 않았던가.

나이가 많아질수록 젊은 시절에 대한 향수에 젖기 마련이다. 젊은 시절에는 누구나 외모에 자부심을 품기도 한다. 키가 작은 사람은 키가 작아야 어떤 대통령처럼 큰 인물이 될 것으로 생각하였고, 눈이 작으면 남자는 눈이 작아야 예리한 지성미로 상대를 제압할 수 있다며 서로 째려보기도 했다. 나는 그 시대만 해도 키가 큰 편이고, 눈만 멀뚱멀뚱 큰 어수룩한 촌놈 꼴이었다. 혹자는 나를 보고 허우대 멀쩡하게 생겨서 선생이나 하고 있다고 놀리기도 했지만.

세월이 흐르면 늙기 마련이고, 외모에 변화가 생기는 것은 당연한 현상이다. 그런데도 순간마다 세월을 잊고 변화의 진리도 망각한 채 현재를 한탄하기 일쑤다. 자신의 지금 모습을 인정하기 싫은지 모두 애꿎은 사진만 나무라고 있다. 사진이란 대상을 진실 그대로 찍어내는 것 아닌가. 설마 그걸 모르고 하는 말이 아닌 줄 누가 모를까마는, 알면서도 현재의 자신을 인정하고 싶지 않다면 이제 와서 어찌할 것인가?

늙음은 사람이 마지막으로 성숙할 기회이다. 늙음이 없으면 젊음이 없고, 젊음이 없으면 늙음도 없다. 늙음을 준비하면서 사는 것이 고귀한 젊음이고, 아름다운 죽음을 준비하면서 사는 것이 현명한 늙음이다. 아무리 재미있는 영화도 시간이 지나면 끝 자막 'THE END'가 있듯이, 아무리 위대한 사람에게도 영원한 시간은 없다.

서녘 하늘의 저녁놀이 아름답고, 가을날의 단풍잎이 눈부시게 곱다. 사람의 늙음도 이렇게 아름다울 수 없을까? 늙은이의 주름진 얼굴은 화려한 인생 훈장이다. 그 주름진 이랑마다 젊은 날의 숭고함과 비장함이 연극처럼 흐르고 있지 않은가. 노년은 어리석은 사람에게는 겨울이고, 현자에게는 황금기라고 했다.

세월을 원망하고 늙음을 한탄한들 무슨 소용이 있을까? 차라리 옛 시인의 「탄로가歎老歌」 한 수나 읊으며 마냥 웃고 지낼 일이다.

> 한 손에 가시 들고 또 한 손에 막대 잡고
> 늙는 길 가시로 막고 오는 백발 막대로 치렀더니
> 백발이 제 먼저 알고 지름길로 오더라.

아무리 젊음이 좋다고 하더라도 정신 차리고 보면, 이게 내 모습이고, 그게 네 모습인 것을.

흰 가운을 입은 아이

"아빠, 내 가운 어때요?"

큰애가 내일부터 입을 옷이라며 새로 맞춘 하얀 가운을 입고 내 방으로 불쑥 들어섰다. 그 순간 나는 울컥 가슴에 치미는 뜨거운 무엇을 숨길 수 없었다.

며칠 전, 큰애가 졸업하는 대학의 학장으로부터 서신이 왔다. 졸업식에 참석해 달라고 당부하는 가정통신문이었다. 마침 방학 중이라서 좋다고 생각하며 이번 졸업식에는 꼭 참석하여 축하해 주고 싶었다. 그런데 정작 아이는 병원에서 근무해야 하므로 졸업식에 참석하지 못할 것이라고 했다. 참으로 안타깝고 아쉽게 되었다. 이렇게 되고 보니 우리 부부는 이 아이를 축하해 주어야 하는 자리에 한 번도 참석하지 못하는 못난 부모가 되고 말았다.

큰애가 초등학교에 입학한 지 몇 개월이 지난 어느 날, 처음으로 아내는 아이를 학교에 데려다주었다. 다른 아이들은 입학하여 몇 주일 동안 엄마와 함께 등교하여 생활하다가 같이 집으로 돌아가는데, 우리 아이는 그렇게 하지 못하고 줄곧 혼자서 등하교해야만 했다.

그날은 아내가 개교기념일로 쉬는 날이라 아이를 학교에까지 데려다줄 수 있었다. 아이는 처음으로 엄마의 따스한 손을 잡고 학교로 갔다. 엄마의 손을 놓고 교문을 들어서는 아이는 활짝 웃음꽃을 피우고 있었다. 운동장을 걸어가면서도 돌아보고 또 돌아보았다.

그렇게도 좋아하며 교실로 들어가는 아이의 모습을 지켜보고 섰던 아내는 집으로 돌아오는 발걸음이 한없이 무거웠다고 했다. 직장 때문에 어린 자식을 잘 보살펴 주지 못해 얼마나 미안했을까.

몇 해 뒤에 우연히 아이의 일기장을 보게 된 아내는 아이에게 더욱 미안한 마음을 가졌고, 생활에 지친 엄마의 표정 없는 모습을 들키게 되어 가슴 아팠다고 했다.

"오늘은 엄마가 학교까지 데려다주셨다. 처음이다. 나는 뛸 듯이 기뻤다. 엄마 손을 꼭 잡고 걸으면서 학교가 좀 더 멀었으면 좋겠다고 생각했다. 학교에 도착해서 엄마는 공부 잘하고 오라고 말씀하셨다. 엄마는 나를 계속 바라보고 계셨다. 나는 엄마와 눈이 마주쳤다. 엄마가 손을 흔들었다. 나도 힘껏 손을 흔들었다. 그러나 엄마는 웃고 있지 않으셨다. 엄마는 환하게 웃어 주는 게 왜 그렇게 힘드실까?"

그 후 졸업할 때까지 소풍, 운동회, 졸업식에도 참석하지 못했다. 우리 부부가 교직에 몸담고 있다 보니 시간을 내기가 무척 어려웠기 때문이다. 그때마다 아이에게는 늘 미안하기만 했다.

아이는 초중고 12년 동안 그 흔한 회장을 한 번도 하지 않았다. 여건이 못 되는 제 엄마의 사정을 아이 스스로 이해했던 모양이다. 하고 싶을 때도 있었고 할 수도 있었지만, 하지 않았다고 했다. 스스로 그렇게 결정하기까지는 어린 마음에 상처도 없지 않았을 것이란 생각이 들었다.

가운을 입은 아이를 보니 몇 년 전에 돌아가신 어머니가 떠올랐다. 그해 겨울, 큰애가 대학입시 막바지 준비를 하고 있을 때 어머니는 병고에 시달리고 있었다. 의사가 장래 희망이었던 큰애를 바라보며 빨리 의사가 되어서 당신의 병을 고쳐주기를 바란다는 말씀을 했던 기억이 났다. 그러나 어머니는 곧 있었던 합격 소식도 듣지 못한 채 우리 곁을 떠나셨다.

마침 내가 컴퓨터 앞에서 원고를 정리하고 있는데, 큰애가 흰 가운을 입고 갑자기 나타난 것이다. 아이의 모습을 보는 순간에 묘한 감동을 했고, 그 감정을 그냥 가슴속에만 담아 둘 수가 없었다. 큰애에 대한 미안함과 고마움에 대한 솔직한 내 심정을 쓰고 싶어 곧장 이 글을 썼지만, 자칫 팔불출의 꼴이 되지 않을까 조심스럽기도 하다.

흰 가운을 입은 아이의 왼쪽 가슴에 새겨진 이름 석 자가 내 마음속에서 한참 동안 잔잔한 파문을 일으키고 있었다.

■ 연보

•약력

1950년　경북 경산 출생
1971년　대구교육대학교 졸업
1971년 ~ 1977년. 초등학교 재직
1977년　영남대학교 문리과대학 국어국문학과 졸업
1978년 ~ 1979년. 다인종합고등학교 재직
1980년 ~ 2013년. 대구경신고등학교 재직
1982년　영남대학교 대학원 국어국문학과 졸업
1987년　교육부장관 표창장
1994년　영남일보『고교논술·독서특강』(공저)
　　　　기획출제위원
2000년　진로상담심리사 자격증(제476호)
2004년　『수필과비평』신인상으로 수필가 등단
2005년 ~ 현재. 대구수필문예대학 강의
2008년　제1회 대구시민문예대전 산문부 최우수상
2010년　수필집『왕대밭에 왕대 나고』출간
2010년 ~ 현재. 경신고 솔빛수필창작교실 강의
2010년　사학공로상
2011년　수필과비평작가회의 부회장 및 대구지회장
2011년　수필문예회 회장
2011년　대구시립중앙도서관 자료선정 위원
2012년　제17회 신곡문학상
2012년　대구문인협회 수필분과위원장
2013년　대구수필가협회 부회장
2013년　MBC문화센터(시지점) 수필창작반 강의
2013년 ~ 2016년. 대구교육청 학부모역량강화교육 강사

2013년 황조근정훈장
2014년 『대구문학』 수필 격월평 연재
2014년 『솔빛수필』 7집 출간
2015년 영남수필문학회 부회장
2015년 일일문학회 부회장
2015년 대구운암초등학교 교원직무연수 수필창작론 강의
2016년 ~ 현재. 대구시립중앙도서관 생활수필쓰기 강의
2016년 ~ 현재. 대구시종합복지회관 동방여성대학
         수필창작론 강의
2017년 사학연금 제1회 '성공의 인생이모작 수기공모'
         최우수상
2018년 대구문인협회 부회장
2018년 『대구문학』 수필 격월평 연재
2018년 수필선집 『그래도 이 세상이 낫다』

현대수필가 100인선 II · **47**
조병렬 수필선

그래도 이 세상이 낫다

초판인쇄 | 2019년 1월 21일
초판발행 | 2019년 1월 25일

지은이 | 조 병 렬
펴낸이 | 서 정 환
펴낸곳 | 수필과비평사 · 좋은수필사

주 소 | 서울시 종로구 삼일대로 32길 36,
       (익선동 30-6)운현신화타워 305호
전 화 | 02)3675-5635, 063)275-4000
등 록 | 제300-2013-133호
홈페이지 | http://www.shinapub.com
e-mail | essay321@hanmail.net

값 8,000원

ISBN 979-11-5933-198-5   04810
ISBN 979-11-85796-15-4   (세트) 04810

* 저자와 협의하여 인지는 생략합니다.
* 잘못된 책은 바꿔 드립니다.

이 도서의 국립중앙도서관 출판시도서목록(CIP)은 서지정보
뉴통시원시스템 홈페이지(http://oooji.nl.go.kr)와 국가자료
공동목록시스템(http://www.nl.go.kr/kolisnet)에서 이용하실
수 있습니다.(CIP제어번호: CIP2018041988)